Kauderwelsch
Band 48

Impressum

Elfi H. M. Gilissen
Australian Slang – English Down Under
erschienen im
REISE KNOW-HOW Verlag Peter Rump GmbH
Osnabrücker Str. 79, D-33649 Bielefeld
info@reise-know-how.de

15. Auflage 2014

Bearbeitung & Layout Elfi H. M. Gilissen
Layout-Konzept & Umschlag Günter Pawlak, FaktorZwo! Bielefeld
Illustration Stefan Theurer (S. 8)
Fotos Andrew Tokmakoff (S. 35, 39, 59, 63, 69, 98, 118, 122, 129, 160), Lisa Di Cola (S. 72, 86), sonst Autorin
Druck & Bindung Werbedruck GmbH Horst Schreckhase, Spangenberg

ISBN 978-3-8317-6421-1
Printed in Germany

Dieses Buch ist erhältlich in jeder Buchhandlung Deutschlands, Österreichs, der Schweiz und der Benelux-Staaten. Bitte informieren Sie Ihren Buchhändler über folgende Bezugsadressen:

Deutschland Prolit GmbH, Postfach 9, 35461 Fernwald (Annerod) sowie alle Barsortimente
Schweiz AVA-buch 2000, Postfach 27, CH-8910 Affoltern
Österreich Mohr Morawa Buchvertrieb GmbH, Sulzengasse 2, A-1230 Wien
Belgien & Niederlande Willems Adventure, www.willemsadventure.nl
direkt Wer im Buchhandel kein Glück hat, bekommt unsere Bücher zuzüglich Porto- und Verpackungskosten auch direkt über unseren Internet-Shop ***www.reise-know-how.de***

Zu diesem Buch ist ein AusspracheTrainer erhältlich, als **MP3-Download** unter ***www.reise-know-how.de*** *oder* auf **Audio-CD** in jeder Buchhandlung Deutschlands, Österreichs, der Schweiz und der Benelux-Staaten.

Der Verlag möchte die Reihe Kauderwelsch weiter ausbauen und sucht Autoren! Mehr Informationen finden Sie unter *www.reise-know-how.de/rkh_mitarbeit.php*

Kauderwelsch

Elfi H. M. Gilissen

Australian Slang

– English Down Under

Zu diesem Buch
ist begleitendes Tonmaterial
als MP3-Download erhältlich:
www.reise-know-how.de

Auch als Audio-CD
im Buchhandel:
ISBN 978-3-8317-6177-7

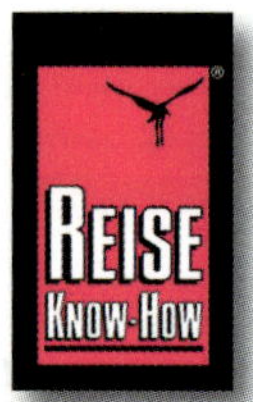

REISE KNOW-HOW
im Internet
www.reise-know-how.de
info@reise-know-how.de

Für Smartphone-Benutzer
(QR-Code mit einer App scannen)

Weitere Infos!

australian-slang.reise-know-how.de

Kauderwelsch-Slangführer sind anders!

Warum? Sie sind bestens mit der Landessprache vertraut und verstehen trotzdem nur die Hälfte, wenn Sie mit den Menschen vor Ort so richtig ins Gespräch kommen?

Gerade wenn Sie sich in der „Szene" bewegen oder Menschen in ihrem ganz normalen Alltag antreffen, sie auf der Straße ansprechen, mit ihnen ein Bier in der Kneipe trinken, ist deren Sprachgebrauch Meilen entfernt von der offiziell verwendeten Hochsprache in den Medien und den Bildungsinstituten.

Man bedient sich der **lockeren Umgangssprache** und vieler **modischer Slangbegriffe**, die oft nicht einmal die gesamte Bevölkerung versteht, sondern nur bestimmte Altersschichten, eingeschworene Szenemitglieder oder Randgruppen.

Die meisten Slangausdrücke haben eine kurze Lebensdauer und finden nie den Weg in das Lexikon. **Slang ist vergänglich.** Aber es bringt die nötige Würze in das sonst zu dröge daherkommende, in der Hochsprache geführte Gespräch.

Die wahre Vielfalt einer Sprache liegt in diesem lebendigen Mischmasch von Hochsprache, Umgangssprache und Slang. In diesem bunten Mix spiegeln sich **Lebensart, Lebensgefühl** und **Lebensphilosophie** der Menschen vor Ort.

Da die Umgangssprache eher gesprochen als geschrieben wird und es für deren Schreibweise keine festen Regeln gibt, werden Sie immer wieder auf unterschiedliche Schreibweisen der Slangwörter stoßen, wenn Sie diese einmal geschrieben sehen.

Die AutorInnen werden Sie immer wieder zum Schmunzeln bringen und Ihnen gekonnt Mentalität und Lebensgefühl des jeweiligen Sprachraumes vermitteln. Es werden Wörter, Sätze und Ausdrücke des Alltags aus der Kneipe und dem Arbeitsleben, die Sprache der Szene und der Straße erklärt. Im Anhang sind diese in 1000 Stichwörtern geordnet, damit Sie die täglich gehörten Begriffe und Wendungen finden können, die bisher kaum in Wörterbüchern aufgeführt sind.

Inhalt

Einleitendes

Australien, die Australier und ihr Alltag

Redewendungen & Beschimpfungen

Anhang

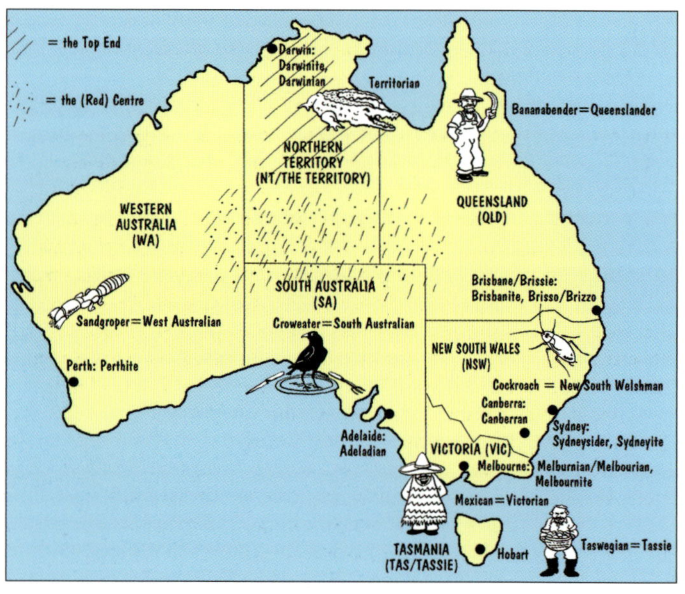
= the Top End
= the (Red) Centre
Darwin:
Darwinite,
Darwinian
Territorian
Bananabender = Queenslander
NORTHERN
TERRITORY
(NT/THE TERRITORY)
WESTERN
AUSTRALIA
(WA)
QUEENSLAND
(QLD)
SOUTH AUSTRALIA
(SA)
Brisbane/Brissie:
Brisbanite, Brisso/Brizzo
Sandgroper = West Australian
Croweater = South Australian
NEW SOUTH WALES
(NSW)
Perth: Perthite
Cockroach = New South Welshman
Canberra:
Canberran
Sydney:
Sydneysider, Sydneyite
Adelaide:
Adeladian
VICTORIA (VIC)
Melbourne: Melburnian/Melbourian,
Melbournite
Mexican = Victorian
TASMANIA
(TAS/TASSIE)
Hobart
Taswegian = Tassie

Vorwort

Wie klingt es, wenn die Australier ganz unter sich sind und frei von der Leber weg sprechen, wenn sie ungehemmt mit umgangssprachlichen Wendungen um sich werfen, auf die sich Amis, Kanadier, Briten, Iren, Schotten und all die anderen, die sich des Englischen bedienen, oftmals auch keinen Reim machen können? Wie hört sich ein Australier an, der seinem Ärger Luft macht oder zu einem Freudensprung ansetzt? Und was haben sie alles zu sagen – im Büro, am Strand, beim Sportereignis, auf der Farm, im Auto, im Pub, zum Thema Klo, in den Tropen, den gemäßigteren Zonen, unter Alteingesessenen, neu Eingewanderten oder der indigenen Bevölkerung?

Die Basics des australischen Englisch für den alltäglichen Reisegebrauch habe ich im Kauderwelsch-Band Nr. 150 „Englisch für Australien" zusammengetragen. Dort bereits genannte Themen werden hier nicht noch einmal wiederholt.

Die Antwort auf diese Fragen finden Sie in diesem Kauderwelsch-Band. Dabei stelle ich nicht nur „rein" australische Redewendungen vor, denn es geht darum, die tatsächliche australische Alltagssprache in all ihren Ausprägungen darzustellen. So gibt es in der Wortwahl durchaus Überschneidungen mit dem britischen, irischen und nordamerikanischen Englisch. Ihre Aussprache ist jedoch ganz und gar australisch.

Ich wünsche jedenfalls viel Spaß beim Kennenlernen des Australian Slang!

Ihre Elfi H. M. Gilissen

What the fuck is Aussie Slang?

Warum kennen die Amis, Briten, Iren usw. die australischen Wortschöpfungen oftmals nicht? Wie sind die neuen Wörter in über 200 Jahren moderner australischer Geschichte entstanden?

Aboriginal & Pidgin

Entgegen der deutschen Art, die Rechtschreibung von Wörtern genau zu definieren und vom Duden abweichende Schreibweisen für falsch zu erklären, ist man im Australischen flexibler. Entsprechend wird man immer wieder auf verschiedene Schreibweisen für ein und dasselbe Wort stoßen.

Ein Teil der australischen Wörter sind den Sprachen der Aboriginals entlehnt, insbesondere Tiernamen, Werkzeuge, Ortsnamen, Landschaftsbezeichnungen und Wetterphänomene. Manchmal sind es auch abstraktere Wörter wie **cooee,** welches aus der Aboriginal-Sprache Dharuk stammt (guwi = komm her). **Within cooee** bedeutet im übertragenen Sinn so viel wie „in Rufweite“ oder auch „im Bereich des Möglichen“.

He is not within cooee of knocking off work.
Er ist weit davon entfernt, Feierabend machen zu können.

Dem **lingo** *(traditionelle Sprache der indigenen Bevölkerung)* entlehnt sind z. B. diese Yagara-Wörter aus der Gegend von Brisbane: **yakka** (yaga = Arbeit) oder **bung** (bang = tot).

It's hard yakka, eh?
Ganz schöne Knochenarbeit, was?

The bloody thing's gone bung.
Das Mistteil ist kaputt / unbrauchbar.

Abkürzungen

Formlosigkeit und Vertrautheit sind Kennzeichen der australischen Umgangssprache, daher auch der Hang zum Abkürzen. Meist wird auf -ie(s), -y oder -o endend abgekürzt, seltener auf -a:

Die Endung -ie *wird bei Substantiven in den meisten Fällen bevorzugt, da die Schreibweise* -y *eher typisch für Adjektive ist.*

barbie/-y	Grill (barbecue)
chewie/-y	Kaugummi (chewing gum)
scratchie	Rubbellos (scratch ticket)
veggie	Gemüse (vegetable)
wettie	Neoprenanzug (wetsuit)
prezzie	Geschenk (present)
sunnies	Sonnenbrille (sunglasses)
undies	Unterhose (underwear)
pokies	Spielautomaten (poker machines)
rellie/-o	Verwandter (relative)
arvo	Nachmittag (afternoon)
reggo	Fahrzeugschein (vehicle registration)
smoko	Raucherpause (smoke break)
servo	Tankstelle (service station)
doco	Dokumentarfilm (documentary)
speedo	Tacho (speedometer)
weirdo	komische Person (weird person)
salvo	jemand von der Heilsarmee (salvation army)
cuppa	Tasse Tee (cup of tea)

Statt smoko *kennt man auch die Schreibweisen* smoke-o *oder* smoke-oh.

In der City wimmelt es von Supermarkt- und Fastfood-Restaurantketten, deren Namen gern abgekürzt werden: Macca's *(McDonald's),* Woolies *(Woolworths),* KFC *(Kentucky Fried Chicken).*

Burger King nennt sich in Australien aufgrund von namensrechtlichen Beschränkungen Hungry Jack's *oder abgekürzt eben* Hungry's.

Beliebt sind auch Akronyme wie z. B. **HECS** *(Studiengebühren)*, **EFTPOS** *(bargeldlose Zahlung)*, **ASPRO** (*außerordentlicher Professor*, abgeleitet von associate professor). **Dinks** (vom US-amerikanischen Dinky = Double Income No Kids Yet = *doppeltes Einkommen, noch keine Kinder*) sind wohlverdienende Paare über 30 ohne Kinder. Ein **nimby** (Not In My Back Yard = *nicht in meinem Hinterhof*) ist eine intolerante, opportunistische Person, die für oder gegen etwas ist, nur so lange es sie nicht persönlich betrifft. Ein **snag** (Sensitive New-Age Guy = *einfühlsamer Neuzeit-Kerl)* ist so etwas Ähnliches wie der Softie oder der moderne Hausmann.

Desweiteren gibt es spielerische Wortverschmelzungen, die so klingen, als würde man einen Personennamen nennen.

for Justin	für alle Fälle (for just in case)
Ben Dover	Position „von hinten“ beim Sex (bend over)
for Ron	für später (for later on)

Reimender Slang

Die Tradition des reimenden Slangs gibt es nicht nur auf den britischen Inseln, sondern ist auch in Australien seit jeher eine Spezialität gewesen. Obwohl er immer weniger gebraucht wird, kennen die Australier doch zahlreiche Beispiele: **babbling brook** *(brabbelnder Bach)* reimt sich auf cook *(Koch)*, **inky smudge** *(Tintenklecks)* reimt sich auf judge

(Richter), **dog and bone** *(Hund und Knochen)* reimt sich auf telephone *(Telefon)*, **dead horse** *(totes Pferd)* reimt sich auf tomato sauce *(Ketchup)*, und **Jack and Jill** reimt sich auf bill *(Rechnung)*.

Fürwörter

Geht es um die Mehrzahl, geben sich die Australier nicht damit zufrieden, dass you und the sowohl Einzahl als auch Mehrzahl ausdrücken können. Sie verwenden daher **them** als Mehrzahlform von the, und **youse** als Mehrzahlform von you. Allerdings ist das in gebildeten Kreisen nicht gerade angesagt.

In einem sportverrückten Land wie Australien sollte man die Abkürzungen für wichtige Austragungsorte der drei Volkssportarten Cricket, Rugby und Aussie Rules Footy kennen: MCG / the G *(Melbourne Cricket Ground)*, SCG *(Sydney Cricket Ground) und* The Gabba *(Brisbane Cricket Ground, da im Stadtteil Wollongabba gelegen).*

Where did you get them smokes from?
Woher hast du die Zigaretten?

Stuff youse all!*
Leckt mich doch alle mal!

Es gibt noch eine weitere Möglichkeit im australischen Englisch, eine Mehrzahl von you zu bilden: **you lot.**

How do you lot tell a wog from an Aussie?*
Wie unterscheidet ihr einen Südländer von einem Australier?

Auch beim Folgenden nimmt man es nicht so genau: Statt my *(mein)* sagt man **me** *(mir / mich)*, und statt me nimmt man **us** *(uns)*.

What the fuck is Aussie Slang?

Where's me fishin' gear?
Wo ist meine Angelausrüstung?

Give us a hand, will ya?
Hilfst du mir? *(es sind nur zwei Personen da!)*

Verbkonstruktionen

Längere Zeitformen werden schon mal abgekürzt: have / has been wird zu **been,** have / has got to zu **gotta,** am / are going to zu **gunna / gonna,** want to zu **wanna:**

What you been doin'?
Was machst du so?

I gotta go!
Ich muss gehen!

She's gunna be a while.
Es wird etwas dauern, bis sie wiederkommt.

Die -ing-Form wird zur Verstärkung einer Aussage eingesetzt, auch wenn es sich nicht um eine andauernde Handlung handelt:

I'm (so) lovin' your shirt!
Ich finde dein Shirt echt total geil!

Typisch australisches Understatement ist es, wenn jemand durch alle Bundesstaaten und Großstädte gereist ist und auf die Frage Where'd you go? *folgendes antwortet:* Oh, I moved around a bit. *(Ich bin ein bisschen rumgekommen).*

Ironie & Understatement

Wird **a bit** am Satzende eingesetzt, drückt man damit Ironie oder Understatement aus:

Thorpey can swim a bit!
Ian Thorpe kann schon schwimmen!

Ein weiteres Quäntchen Ironie wird mit einem eingeschobenen **as you do** ausgedrückt:

We sank a few beers – as you do – and fired up the barbie.
Wir haben ein paar Bierchen geleert
– wie man das eben so macht –
und den Grill angeworfen.

Gebrauch von Flüchen

Man wundert sich über den australischen Gebrauch von Flüchen, die sich in gewissen Kreisen praktisch in jeden Satz einzuschleichen scheinen. Es gibt eben keine „Sprachpolizei", und auch der Einfluss der Religionsführer schwindet immer weiter. Das vielseitigste Wort ist **fuck** *(ficken / Fick)*, welches als Verb, Substantiv, Adjektiv, Adverb usw. eingesetzt werden kann, und dabei ständig seine Bedeutung wechselt:

*Besonders beleidigende Schimpfwörter wurden nur zur Schärfung des Hörverständnisses in dieses Buch aufgenommen. Diese mit einem * gekennzeichneten Wörter und Sätze sollten Sie niemals selbst in den Mund nehmen!*

Fuck, the fuckin' fucker's fucked!
Verdammt, das verdammte Scheißteil ist kaputt.

Auch **shit** *(Scheiße)* wandelt seine Bedeutung und steht hier auf einmal für „nichts":

I can't find shit in this mess.
Ich kann verdammt noch mal nichts finden in diesem Chaos.

Regionalismen

Die Entfernungen der wichtigsten Metropolen der Bundesstaaten von West nach Ost auf dem Landweg: Perth – Adelaide 2689 km, Adelaide – Melbourne 723 km, Melbourne – Sydney 876 km, Sydney – Brisbane 957 km.

Die Grenzen, wo welches Wort gebraucht wird und wo nicht mehr, bleiben dennoch vage. Wenn Sie also nicht alle hier vorgestellten Ausdrücke auf Ihrer Reise in Australien zu hören bekommen und nicht jeder Aussie all diese Ausdrücke kennt, seien Sie gewiss, dass sie dennoch irgendwo in Australien verwendet werden.

Nicht jeder Ausdruck wird von allen Australiern gleichermaßen verstanden. Kein Wunder, wenn man bedenkt, dass die Distanzen zwischen den australischen Städten riesig sind. Badesachen nennt man z. B. **bathers** (von bathe = *baden)* oder **togs** (von togeman = *Umhang);* von Sydney bis zu den Tablelands in Queensland jedoch **cossie / cozzie / costume** *(Kostüm)* oder **swimsuit / swimmers** *(Schwimmanzug),* in Brisbane auch **clubbies** *(„Vereinsanzug“ eines Schwimmvereins).* Geht man weiter ins Detail, tragen die Herren in der Regel coole **boardies** *(längere Surfboardshorts);* in Sydney, Melbourne und Brisbane sind das wie in Nordamerika **trunks** *(Stämme, in Anspielung auf die zylindrische Form der Hosenbeine).*

Ältere Generationen, Schwule oder **wogs*** *(südländisch aussehende Männer)* tragen **wog togs.*** Das sind klassisch geschnittene, eng anliegende Badehosen, die nach dem australischen Markennamen vornehmlich **Speedos** genannt werden. Je nach Region oder Humor nennt man sie z. B. auch **racing bathers** bzw. **racers** *(Renn-Badesachen),* **nylon disgusters*** *(Nylon-Ekler)* oder **fish frighteners*** *(Fisch-Bangemacher).* Mit Bezug auf ihren schmalen Schnitt nennt man sie humorvoll bis beleidigend **tights*** *(Stramme),* **jammers*** *(Klemmer)* oder konkret als Anspielung darauf, dass sie eng an den Geschlechtsteilen anliegen: **ball**

huggers* *(Eier-Umarmer),* **budgie-smugglers*** *(Wellensittich-Schmuggler),* **cluster busters*** *(Anhäufung-Kumpel),* **lolly bags*** *(Bonbon-Tüten),* **meat-hangers*** *(Fleisch-Hänger)* oder **nut huggers*** *(Nuss-Umarmer),* sowie mit Bezug auf das enge Anliegen am Penis: **cockchokers*** *(Penis-Ersticker),* **cock jocks / CJs*** *(Penis-Unterhosen),* **dick bathers*** *(Penis-Badende),* **dick-pointers*** *(Penis-Zeiger),* **dick-pokers / DPs*** *(Penis-Stocher),* **dick stickers*** *(Penis-Stecker),* **dick-dacks*** *(Penis-Hosen),* **knobbies*** *(Eichler)* oder **slug huggers*** *(Penis-Umarmer).*

Cock *(Hahn),* dick *(Richard, aber mit Anklang an* thick *„dick“) und* slug *(Nacktschnecke) sind die gängigsten Entsprechungen für den „Pimmel“.*

The ins and outs of Strine

Beim australischen Englisch, von den Australiern **Strine** genannt (typische Aussprache des Wortes Australian), kann man grob drei Varianten unterscheiden: „breit“, „allgemein“ und „kultiviert“. Je nach Gesellschaftsschicht, Alter, kultureller Herkunft, aber auch je nach Bundesstaat, wird vorwiegend eine der drei Varianten gesprochen. Queenslanders und New South Welshmen sind bekannt für ein breites australisches Englisch, South Australians und West Australians hingegen für eine allgemeine Variante.

Es ist auch immer eine Modefrage, welcher Grad an **Strine** gerade „in“ ist. Als Australien 1901 die Unabhängigkeit erlangte, war es

Australien: 20,4 Mio.
Sydney, NSW: 4,2 Mio.
Melbourne, VIC: 3,5 Mio.
Brisbane, QLD: 1,7 Mio.
Perth, WA: 1,4 Mio.
Adelaide, SA: 1,1 Mio.
ACT (Canberra): 322.000
Hobart, TAS: 198.000
Darwin, NT: 108.000

schick, möglichst so mondän wie die Briten zu sprechen. Nach den Weltkriegen und mehr noch nach dem Vietnamkrieg zeigte man den Briten die kalte Schulter und suchte die eigene Identität im breiten Akzent.

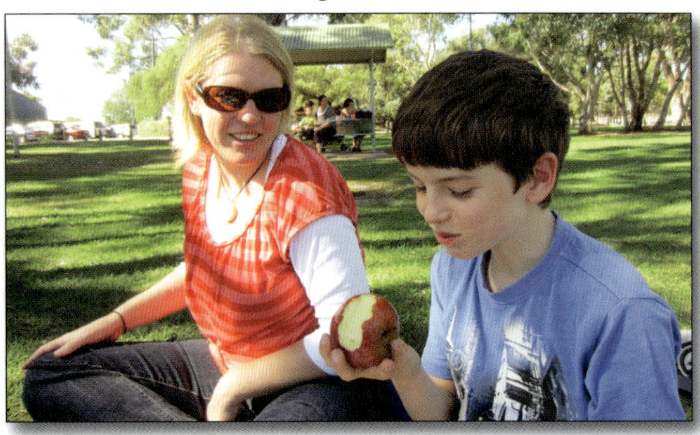

Dieser kommt aber seit Beginn der 1990er Jahre zunehmend aus der Mode, weil man ihn oft als eher hinterwäldlerisch empfindet und keine Aufmerksamkeit anderer Englischsprecher auf sich lenken möchte. So sind einige Australier auch peinlich berührt, wenn jemand wie z. B. der „Crocodile Hunter" Steve Irwin spricht. Aber der Erfolg gibt ihm schließlich Recht. Die erfolgreiche TV-Serie „Kath and Kim" verulkt den breiten Akzent auf eine Weise, dass er nun auch wieder scherzhaft aus dem Munde derer zu hören ist, die sonst eigentlich ihr Gesicht verziehen. Der wesentliche Unterschied zwischen dem „Hochenglischen" (Schulenglisch) und dem australischen Englisch liegt in der Aussprache der Vokale und den verschluckten Lautkombinationen. Die betroffenen Laute werden hier beispielhaft vorgestellt.

DVD-Tipps zum Kennenlernen und Genießen des breiten Aussie-Akzents sind z. B. folgende australische TV-Serien+ und Filme:

Australian Rules
Beneath Clouds
Blackrock
Bush Mechanics+
Crackerjack
Crocodile Dundee
Crocodile Hunter+
Fat Pizza
Gettin' Square
Head On
Idiot Box
Kath and Kim+
Mullet
Muriel's Wedding
Nugget
Radiance
The Boys
The Bush Tucker Man+
The Castle
The Paul Hogan Show+
The Wog Boy
Two Hands

„mate" & „major"

Bei dem Wort **mate** *(Freund, Kumpel, Freundchen ...)* kann man die typisch australische Aussprache besonders gut erkennen: Mit breitem australischem Akzent spricht es sich majt, wobei das aj ziemlich in die Länge gezogen wird. In der allgemeinen Aussprache ist es eher ein äj und nicht ganz so lang. Das gilt für alle a, denen nur eine (Schreib-)Silbe folgt, die auf ein stummes e endet, oder auf die ein j bzw. die Kombination von nur einem Konsonanten und ey folgt, wie z. B. **date** dajt *(Verabredung)*, **major** majdsher *(groß, riesig)*, **matey** majtie *(kumpelhaft)*.

„my" & „me"

Wo der Brite i oder y wie ein deutsches „ei" ausspricht, hört sich das im breiten Aussie-Englisch an wie ein „oj", sprich **my** moj *(mein)*, **mine** mojn *(meins)*, **wine** wojn *(Wein)*, **Strine** ßtrojn *(australisch)*. In der allgemeinen Aussprache wird es allerdings abgeschwächt, und man tendiert zur Aussprache der Briten.

Das Wörtchen **me** *(mir / mich)* wird nur im breiten Aussie-Englisch fast wie mwa ausgesprochen, so als wolle man das französische Äquivalent „moi" mit englischem Akzent sprechen. Komödiantisch auf die Spitze getrieben wurde diese Aussprache in der erwähnten TV-Comedyserie „Kath and Kim".

„carton of beer" & „alright"

Im australischen Englisch spricht man also am Wort- bzw. Silbenende r *nicht aus, ähnlich wie im britischen, aber anders als im amerikanischen Englisch. Der „Ersatzlaut" für dieses ausgefallene* r *klingt aber deutlich anders als im Britischsen.*

Am Wortende bzw. vor einem Mitlaut wird ein r fast immer verschluckt bzw. zu einer Mini-Sprechpause genutzt, während der vorangehende Vokal in die Länge gezogen wird. Der **carton** *(Kiste Bier)* spricht sich also kaa'tn aus. Weitere Beispiele sind **sport** ßpoo't *(Sportsfreund, Freundchen)*, **Merc** möö'k *(Mercedes)*.

Dies gilt auch für die Aussprache von **here** *(hier)* bei Frauen (besonders in Western Australia), die wie hie'a klingt. Analog wird auch **beer** *(Bier)* wie bie'a gesprochen. Männer machen diese Sprechpause bei den Lautfolgen ere bzw. eer eher selten.

Ein typischer Regionalismu in Queensland ist es, am Ende fast jeden Satzes ein eh *bzw.* ay *anzuhängen, was in den Metropolen der anderen Bundesstaaten eher abschätzig beurteilt wird:* Great fun, eh?

Zur Aussprache des r gibt es noch etwas zu sagen, denn es klingt anders, gewissermaßen weicher als im britischen oder amerikanischen Englisch. Es wird kaum „retroflex" (mit nach oben zurückgebogener Zungenspitze) gesprochen, dafür aber mit leicht gerundeten Lippen, so als wollte man gleichzeitig ein englisches w artikulieren. Hören Sie am besten genau hin, wenn ein Australier **alright** o'rheit oder **right-o** rheidie'o *(okay)* sagt.

The Outback & The Big Smoke

Zur Orientierung sollte man sich mit **Oz** bzw. **down under** erst einmal aus geografischer und historischer Sicht bekannt machen. Als die ersten Strafgefangenen das Land 1788 betraten, fanden sie nur **bush** vor. In Bezug auf den Busch gibt es eine interessante Redewendung:

Down under *heißt „unten drunter“, gemeint ist unterhalb des Äquators aus Sicht der nördlichen Hemisphäre. Ursprünglich galt es für Australien, Neuseeland und den Pazifik gleichermaßen, heute ist es hauptsächlich ein Synonym für Australien.*

He's gone bush.
Er ist aufs Land gezogen. *bzw.*
Er ist (zur Zeit) draußen auf dem Land. *bzw.*
Er ist weg / verschwunden.

Diese Wendung wird auch benutzt, wenn jemand z. B. zum Bier holen weggeht und erst Ewigkeiten später wieder auftaucht. Gleiches gilt für den Ausdruck **gone walkabout,** die urprünglich umschreibt, wie Aboriginals auf Wanderschaft gehen.

Die endlose Weite im Herzen des Kontinents war traditionell das, was man als **cattle country** *(Rinderland)* bezeichnet. Dort draußen gibt es nicht viel, nur **(out)stations** *(Viehzuchtfarmen),* **cattle runs / stations** *(Rinderfarmen),* **homesteads** *(Farmhäuser)* und eben **missions.**

Missions, stations *bzw.* mission stations *waren ursprünglich christliche Missionen für Aboriginals. Später nannte man auch die von der Regierung oder den Aboriginals selbst geleiteten reservatähnlichen Niederlassungen im Outback so.*

Draußen im Busch ist es keine Selbstverständlichkeit, **sealed roads** *(geteerte Straßen)* zu haben. Viele sind nach wie vor **unsealed.** Manchmal ist es nur feuerroter **bull dust** *(ganz feiner Sandstaub)*, dann gibt es unangenehme **corrugations** *(Bodenwellen)*. Nicht zuletzt sind plötzlich auf die Straße hüpfende Tiere eine Gefahr, weswegen viele Fahrzeuge im Outback **bull / roo bars** *(Bullen-/ Känguru-Stoßstangen)* haben. Diese sollen den Schaden am Fahrzeug bei Zusammenstößen mit den Tieren begrenzen.

Cattle grids *nennt man je nach Region auch* cattle grates, cattle-pits *oder* cattle ramps.

Typisch sind auch die **cattle grids,** die man mit einem lauten Rattern überquert. Diese groben Metallroste über kleinen Gruben verwendet man anstelle von Gattern auf Straßen in eingezäunten Weidegebieten, da das Vieh darauf nicht laufen kann, und man bei Durchfahrtsstraßen so nicht immer ein Gatter öffnen und schließen muss.

The Outback

Outback *ist eine Verkürzung von* out in the back country *„draußen im Hinterland", d. h. das wenig besiedelte Landesinnere Australiens.*

The Outback liegt weit abseits der urbanisierten Küstenregionen. Man nennt es auch **the back of beyond** *(Hinterseite von dahinter)*, und als Wortspiel darauf **the back o' Bourke** *(Hinterseite von Bourke [Stadt im Outback von New South Wales])*. Dann gibt es **beyond the black stump** *(jenseits des schwarzen Baumstumpfes)*, was auf Vermessungsarbeiten 1887 bei Blackall in Queensland zurückgeht, **out in the sticks** *(draußen in den vertrockneten Büschen)*, **the never-never** *(nie und nimmer)*, da man von dort nie wiederkehrt, **mulga** nach einer kleinwüchsigen Akazienart, oder **scrub** nach dem typischen Gestrüpp im Busch.

Phantasievolle Namen für das Outback sind **the Woop Woop** und **Bullamakanka,** was vermutlich eine Anspielung auf den Ort Innamincka in South Australia ist, vermischt mit **bull** in den Bedeutungen „Rinderbulle", „Verarschung" und „Mist". So gibt es auch **Oodnagalahbi** als Wortspiel mit dem Ort Oodnadatta in South Australia und der für das Outback typischen Kakadu-Art **galah.**

He comes from somewhere up the scrub.
Er kommt irgendwo aus dem tiefsten Busch.

Statt up the scrub *sagt man auch* out bush.

Kommt man im Outback mehr als zwei Autos pro Stunde entgegen, nennt man das outback rush hour, *was sich übrigens auch auf* more than two cars per hour *reimt.*

Weil die Distanzen so groß sind, fallen Wegbeschreibungen im Outback oft ungenau großzügig aus **just down the road / track** *(nur die Straße runter)* wird gesagt, obwohl der gesuchte Ort tatsächlich Kilometer entfernt liegt. Ist es richtig weit weg, heißt es **straight on 'til morning** *(immer geradeaus bis zum Morgengrauen)* oder **straight as the crow flies** *(ge-*

rade wie die Krähe fliegt). Damit man nicht verzweifelt, heißt es am Ende der Beschreibung meist **you can't miss it** *(kann man nicht verfehlen)*. Kurze Distanzen kann man auch so umschreiben:

Statt one / two *kann man jede beliebige Zahl einsetzen, oder ganz unverbindlich* a couple / a few *(ein paar).*

It's about one / two stubbies away.
es ist in etwa ein / zwei Bierflaschen entfernt

stone's throw away *einen Steinwurf entfernt*
within a bull's roar *in Rufentfernung eines Bullen = kurze Entfernung*
within spitting distance *innerhalb Spuckentfernung = nah*
at the arse end *am Arsch-Ende = ganz am Ende*

He made a beeline for the pub.
er machte eine Bienenlinie für den Pub
Er ist auf kürzestem Weg zum Pub gegangen.

The Big Smoke

Die City, das ist **the big smoke** *(der große Rauch)* aus der Sicht der **country bumpkins** *(Landeier)* oder der **townies** *(Kleinstädter)*. Dörfer gibt es übrigens in Australien nicht, sondern nur **cities, suburbs** und **towns.** Liegen die **suburbia** oder **the burbs** *(Vororte)* am Rand des Outbacks, nennt man diese **backblocks** *(hintere Landparzellen)* oder auch **boo-**

nies *(Sumpfgebiet)*. Eine Hauptstraße nennt man **the main drag,** also der Ort, wo sich die Massen entlangschleppen.

In der City wohnen die **city slickers,** die je nach Stadt, Vorort oder auch Bundesstaat ihren eigenen Namen haben (s. Karte S. 8). Die Männer, die im **CBD** vor allem bei Banken, Versicherungen und im Rechtswesen arbeiten, nennt man wegen ihrer förmlichen Kleidungsweise im Anzug abfällig **suits.**

Boonies *ist kurz für* boondocks, *was von einem Tagalog-Wort für „Sumpfgebiet" abgeleitet wurde.*

CBD *spricht man* sie-bie-die *und steht für* Central Business District.

The Great Outdoors

Natur gibt es in Australien zuhauf, und dort im **the great outdoors** *(im großen Freien = Natur)* hüpfen **roos** *(Kängurus)* und **jumbucks** *(Schafe)* umher, oder schwimmen **crocs** *(Krokodile)* vorbei. Die tödlichen **salties** *(Salzwasserkrokodile = Leistenkrokodile)* und die eher harmlosen **freshies** *(Süßwasserkrokodile = Australienkrokodile)* trifft man in den Gewässern im Norden des Kontinents an. Die Meeresküsten im Süden des Kontinents werden von **white pointers** bzw. **great whites,** sprich dem Weißen Hai, bedroht.

Alltägliche Ärgernisse sind dagegen die **mozzies** *(Mücken)*, **midgies** *(Gnitzen, d. h. beißende Kleininsekten)*, **bushflies** *(Buschfliegen)* und **blowies** *(Schmeißfliegen)*, die man mit einem **Aussie salute** abzuwehren versucht. Das sieht aus wie ein Gruß, ist aber lediglich eine wedelnde Handbewegung vor dem Gesicht.

Als Urlaubsziel, zum Campen, Buschwandern u. a. wird das Outback als the great outdoors *mit gewisser Verklärtheit verehrt.*

Die australische Natur war für die Aboriginals jahrtausendelang „ein Garten Eden“, in dem es neben den einheimischen Tierarten auch zahlreiche essbare Pflanzenarten gab (und gibt). Diese in der Natur gesammelten Leckereien stehen heute in wenigen Spezialitätenrestaurants als **bush tucker** bzw. **bush food** *(Bush-Essen)* auf der Speisekarte.

Hitze

Beim Thema Wetter kommt einem zunächst der „ewige Sonnenschein“ in den Sinn. An heißen Tagen hat man vor allem das **bushfire** *(Buschfeuer)* zu fürchten, das alles in seinen Flammen verzehrt. Zur Eindämmung herrscht daher oft ein **fire ban** *(Feuerverbot)*, währenddessen offene Feuerstellen verboten sind. Will man die Hitze unterstreichen, gibt es den **stinker** *(heißer und schwüler Tag)*, oder es ist **sweltering hot** *(drückend heiß)*.

Im Norden des Kontinents gibt es vereinfachend gesagt nur zwei Jahreszeiten: the (Big) Wet *(Regenzeit) und* the Dry *(Trockenzeit).*

It's stinking hot today.
Es ist heute stinkeheiß.

It's a real scorcher today.
Es ist heute brennend heiß.

It's hot as (buggery) around here.
Hier ist es echt dermaßen heiß.

The sun was belting down.
Die Sonne knallte auf uns nieder.

Regen und Kälte

Niederschlag gibt es nicht nur in der Regenzeit im Norden, sondern es stehen insbesondere Melbourne und **Tassie** *(Tasmania)* in dem Ruf, sehr verregnet zu sein. Wenn es wie aus Eimern regnet, heißt es:

It's pissing down.
es pisst runter
It's raining cats and dogs.
es regnet Katzen und Hunde

Gott hat in Australien bei Wetterfragen auch den Beinamen Hughie / Huey. *Ihm wird vor allem von Farmern für den Regen gedankt:* Send 'er down, Hughie! *(Schick sie runter, Hughie), oder* Whip 'em up, Huey! *(Peitsch sie auf, Huey).*

Entgegen aller Mythen ist nicht immer eitel Sonnenschein in Australien:

I'm freezing my tits / arse off!
Ich frier mir die Titten / den Arsch ab!

It's fuckin' freezin'!
Es ist echt arschkalt!

Ist es nur kühl, nennt sich das nippy, *oder als Anspielung auf die kecken* nipples *(Brustwarzen) auch* nipply.

Um das Schweinewetter noch blumiger zu umschreiben, gibt es:

It's real brass monkey weather!
es ist wirklich Messing-Affen-Wetter
It freezes the balls off a brass monkey.
es friert die Eier von einem Messing-Affen ab
It's a three-dog / four-dog night.
es ist ein drei-Hunde / vier Hunde Abend
It's cold as a witch's tit.
es ist kalt wie eine Hexen-Titte

Wind

Tropische **cyclones** *(Wirbelstürme)* schütten in der Regenzeit riesige Wassermassen über den Norden des Kontinents aus, während **willy-willies** *(Windhosen)* in den trockenen Gebieten im Herzen des Kontinents nur Staub und Sand zwischen die Zähne befördern.

Beim Thema Wind gibt es einige Wetterphänomene, die mit einem „Doktor" verglichen werden. Der **Albany doctor** ist die kühle Brise im südwestlichen Western Australia, der **Fremantle doctor** weht nach einer Hitzewelle durch Fremantle und Perth. Ist der Wind sehr stark, sagt man:

It would blow a dog off the chain.
es würde einen Hund von der Kette wehen
Es fegt dich aus den Latschen.

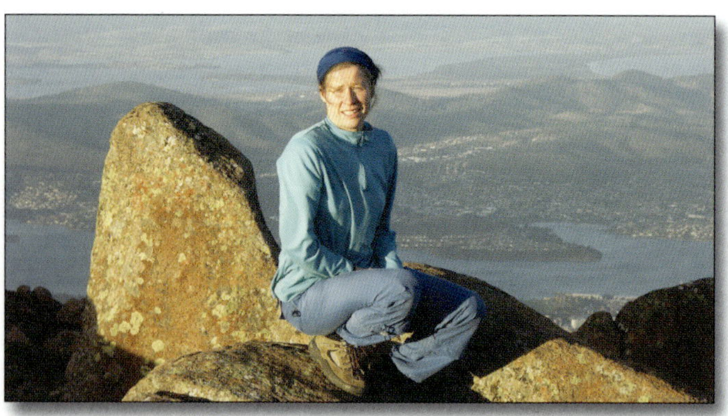

The Aussies

Wer und wie sind die **Aussies** *(Australier)*? Ganz besonders **dinky-di, (fair) dinkum, ridgy-didge, true blue,** sprich „wahrhaft" oder **Australian as meat pie** *(australisch wie herzhafte Fleischküchlein)* sind Australier der x-ten Generation, die nicht im Traum daran denken, jemals in das Land ihrer ethnischen Wurzeln zurückzukehren (wenn sie diese überhaupt kennen). Ein solcher bedient sich oft eines breiten australischen Akzents und tut Dinge, die man für ganz besonders typisch australisch hält: Der Mann, der im Unterhemd und in Flipflops am Barbecue steht, der **jackaroo** *(Cowboy)* und die **jillaroo** *(Cowgirl)*, die im Outback im **flannie** *(Flannel-Hemd)* auf ein Bier in den Pub kommen usw. Man nennt ihre betonte ur-australische Art **ocker** *(nach der karikierten Person Oscar in den TV-Sketchen der Bramston Show 1965–68)*.

Fragte man früher danach, was einen Aussie ausmacht, bekam man die Antwort: a chip on each shoulder *(eine Kerbe auf jeder Schulter). Das sollte ausdrücken, dass sich der Australier nach wievor unfair behandelt fühlte. Das Resultat war ein koloniales Gefühl der Minderwertigkeit gegenüber den älteren westlichen Nationen.*

Es fing alles mit den **convicts** *(Strafgefangenen)* und den **settlers** *(Siedlern)* an. Bereits da waren die **Blackfellas*** *(schwarze Kumpel)*, die **Whitefellas*** *(weiße Kumpel)* kamen erst später. Letztere sind vor allem **Poms*,** im reimenden Slang die **tos and froms*** *(zu und von)* als Reimumkehrung von „von und zu", sowie aus der Sicht der alteingesessenen Australier **whingeing Poms*** *(nörgelnde Briten)* oder auch **Pommy bastards*** *(britische Bastarde)*. Sie sind vielen waschechten Australiern

Wenn ein Whitefella* *einen Aboriginal* Blackfella* *nennt, ist dies beleidigend. Gebrauchen es Aboriginals untereinander, ist es aber nett gemeint.*

Über die Herkunft der Bezeichnung Pom* *gibt es unterschiedliche Theorien. Es wurde abgekürzt von* pomegranate *(Granatapfel) als Reim auf* immigrant *und stammt nicht, wie böse Zungen behaupten, eine Abkürzung für* Prisoner Of Mother England *(Gefangener von Mutter England).*

ein Dorn im Auge und werden gerne bei einem **Pommy bashing** *(Schlechtmachen der Briten)* durch den Kakao gezogen.

Es gibt zahlreiche diskriminierende Bezeichnungen für die Ureinwohner, die allesamt politisch höchst unkorrekt sind und keinesfalls in den Mund genommen werden sollten. Nur einige Beispiele zur Kenntnisnahme: **Abo*** sowie **Boong*** für den Aboriginal-Mann, **Gin(nie)*** für die Aboriginal-Frau.

Zu den anarchischen Figuren der Vergangenheit gehören die **bushrangers,** von denen Ned Kelly sicherlich der berühmteste war. Diese Gesetzlosen wurden nicht selten zu Volkshelden hochgejubelt, weil sie sich gegen die **coppers** *(Polizisten),* auch **flatfeet*** *(Plattfüße)* oder **walloper*** *(Prügler)* genannt, zur Wehr setzten. Die Polizeiwache nennt man übrigens einen **cop shop** *(Polizistenladen)* oder **lockup** *(Einschluss).* Ein **fuzz*** *(Polizist),* der **on the take** ist *(Bestechungsgeld nimmt),* nennt man einen **dodgy brother*** *(halbseidenen Bruder).* Der Kriminelle ist ein **crim** oder **crook,** der Betrüger ein **con, con artist** oder **con man** *(alle abgeleitet von* confidence *= Vertrauen).*

Unangenehm sind die **bikies,** sprich Motorradgangmitglieder, gegen die die Polizei oft vollkommen machtlos ist. Einen einfachen Motorradfahrer nennt man hingegen **biker.** Übrigens ist ein **bike** stets ein Motorrad. Meint der Australier ein Fahrrad, nennt er es **pushbike** *(Drück-Rad).*

Ein buschiger Bart ist beliebt bei den **bushwhackers** *(Busch-Schläger)* oder kurz **bushies.** Diese Raubeine bevorzugen oft ein Leben abseits der „zivilisierten Gesellschaft" im Busch.

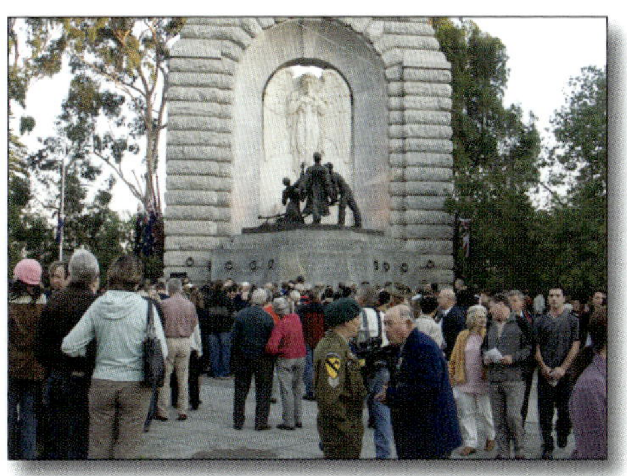

Seit dem **Great War** *(Erster Weltkrieg)* kennt man die **digger** *(Ausgräber)*, weil sie dort ständig Schützengräben ausheben mussten. Diesen Kriegsveteranen wird alljährlich am **ANZAC Day** gedacht. Der Archetypus des hart arbeitenden Australiers aus eher kleinen Verhältnissen ist der so genannte **Aussie battler:**

Ein typischer Aussie mit rotblonden Haaren wird Bluey *genannt.*

He's a real battler.
Er ist ein echter Kämpfer.

Diesem wünscht man einen **fair go** *(faire Chance)*.

Ganz anders denkt man über die **tall poppies*** *(große Mohnblumen)*, Menschen, die zu sehr mit ihrem Können oder Geld angeben und zurechtgestutzt werden müssen. Dieses zwanghafte Kleinermachen nennt man das **tall poppy syndrome.**

Vor allem nach dem Zweiten Weltkrieg kamen Einwanderer aus dem südlichen Europa, vor allem aus Griechenland und Italien: die **Wogs*.** Wird eine Person mit südländischem Teint von einem „weißen" Australier **Wog*** genannt, beschimpft dieser den „weißen" Australier im Gegenzug als **Skip*.** Das ist seit der TV-Serie „Skippy" nicht nur der Name eines Kängurus, sondern eben ein Schimpfwort für typische Australier. Es gibt viele andere Schimpfwörter für bestimmte Nationalitäten, die jedoch immer weniger gebraucht werden. Die Begriffe **Wog*, Woggy*, Wogboy*** werden von Griechen durchaus für sich selbst gebraucht.

Die ungeliebten Amerikaner nennen die Australier Seppo*, *abgeleitet von* septic tank *(Jauchengrube), was auf* Yank *reimt.*

Die Deutschen bekommen auch schon mal ihr Fett weg und werden als Krauts* *(Sauerkrautesser) beschimpft.*

Männer & Frauen

Das am meisten verwendete Wort für den Mann ist **bloke.** Ältere Semester verwenden auch **fella** und **chap,** und amerikanischer ausgedrückt sagt man **guy** oder **dude.** Die Frau nennt man heutzutage **chick,** aber früher war es die **sheila*** und man sprach über sie auch als **bird*.** In der postfeministischen Ära hört man diese Bezeichnungen höchstens in reinen Männerrunden.

Spricht man über einen netten Typen oder guten Kumpel, ist das ein **top bloke** oder **good bloke.** Für beide Geschlechter verwendet man **good sport, good sort, not a bad sort,** wobei es auf Frauen bezogen einen sexuellen Unterton haben kann. Typische positiv gemeinte Statements sind:

Ein Film, der mehr den Frauengeschmack als den Männergeschmack trifft, ist ein chick flick. *Aber* girlie magazines *sind keine Frauenzeitschriften, sondern einschlägige Magazine, in denen man viel Haut zu sehen bekommt.*

He's not a bad bloke / bastard.
Er ist ein netter Kerl.

Kann man sich auf jemanden verlassen, ist das **a real trooper.** Handelt es sich um eine schräge Type wird **character** mit dem Namen der Person kombiniert: **you and this Davo-character.** Es bedeutet so viel wie „du und diese Dave-Type" (in einem missbilligenden Ton gesagt).

Männer werden von Männern fast immer mit **mate** angesprochen (egal ob man sich kennt oder nicht). Haben sich Kumpels länger nicht gesehen, heißt es auch, und zwar keineswegs beleidigend:

How are ya goin', you old bastard?
Wie geht's, altes Haus?

Bastard *kann aber natürlich auch beleidigend verwendet werden. Es kommt immer auf den Ton an.*

I haven't seen that old joker for years.
Ich hab den Alten schon Jahre nicht mehr gesehen.

They've been good mates from way back.
Sie sind schon seit Ewigkeiten Freunde.

Wenn jemand anfängt mit **Listen mate, ...** *(Hör zu, Kumpel ...)* oder **You got a problem, mate?** *(Hast du ein Problem, Kumpel?)*, ist das die Einleitung zu einer Drohung.

Sunshine* *(Sonnenschein) und* pal* *(Kumpel) werden eher als drohende Anreden für Männer gebraucht.*

Unter Frauen und für das jeweils andere Geschlecht hört man als Anrede **mate** *(Kumpel)*, **darl(ing)** *(Schatz)*, **doll** *(Puppe)*, **love** *(Liebes)* und auch **babe** (ob man sich kennt oder nicht). Ist der angesprochene Mann jünger als der Sprecher, hört man auch **son** *(Sohn)*. Unter Aboriginals ist **cuss / cuz** *(Cousin)* beliebt, was wie das amerikanische **bro** *(Bruder)* sowohl für Blutsverwandte als auch für Seelenverwandte verwendet wird.

Darl(ing), doll *und* love *werden zumeist von älteren Generationen verwendet.*

Alt & Jung

the old(ie)s	die Alten / Eltern
the old man	der Vater / Alter / alter Herr
the old lady / the old girl	die Mutter / Alte
the old dog	der Alte (*auch:* Schlitzohr)
ankle-biter	Dreikäsehoch *(Fersen-Beißer)*
rug-rat	Hosenscheißer *(Teppich-Ratte)*
squirt	Wicht *(Spritzer)*
nipper	Knirps *(Schlückchentrinker)*

Old man / lady *kann man als Kind über die Eltern sagen, als Ehefrau / Ehemann über den eigenen Partner, und allgemein über eine ältere Person.*

Your old man let me in.
Dein alter Herr hat mich reingelassen.

My folks are having a big bash tonight.
Meine Alten haben heute Abend 'ne große Party.

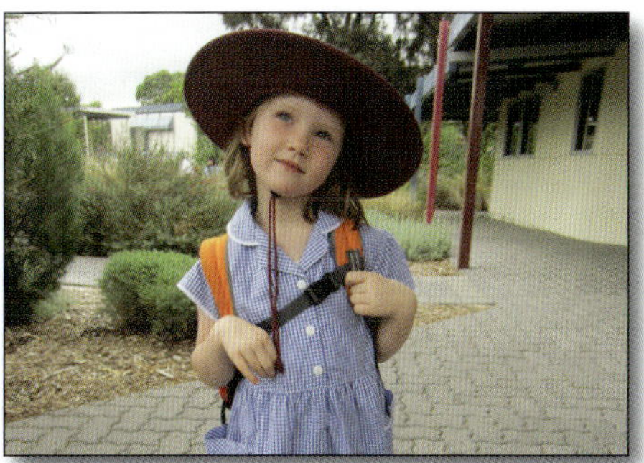

weitere Personen

Kennt man eine Person nicht, sagt man über den Fremden:

Wouldn't know him from a bar of soap.
ich würde ihn nicht von einem Seifenstück kennen
Hab ihn noch nie gesehen.

From a bar of soap *kommt daher, dass früher auf Seifenpackungen mit dem Konterfei von Personen geworben wurde. Alternativ wird auch gesagt:* from a bull's foot *(von einem Bullenfuß) oder* if he stood up in my porridge *(wenn er in meinem Haferbrei aufstünde).*

mob	Gruppe, Meute, Volksstamm
big mob	viele Menschen / Tiere
your mob	deine Leute / Freunde
crew	Gruppe von jungen Leuten

Awesome to see the Koori mob gettin' into it.
Geil zu sehen, wie die Koori-Aboriginals *(aus New South Wales)* darauf abfahren.

Get your mob to come to the party.
Überrede deine Leute, zur Party zu kommen.

Hard Yakka, The Sack & Flaking Out

Hard Yakka, The Sack & Flaking Out

Mit einem Smartphone können Sie sich die mit einem 👂 gekennzeichneten Sätze dieses Kapitels anhören. Scannen Sie einfach den QR-Code mit Hilfe einer kostenlosen App (z. B. „Barcoo" oder „Scanlife").

Lernt man jemanden kennen, kann man ihn nach seinem Beruf fragen:

What do you do for a crust?
was tust du für eine Brotkruste
Was machst du so beruflich?

Als Antwort hört man amüsante bis verballhornende Berufsbezeichnungen, oft mit den Abkürzungsendungen -ie, -y oder -o:

acca / acker	Akademiker
ambo	Krankenwagenfahrer
blockie	kleiner Landeigentümer
boatie	Bootsbesitzer
bookie	Buchmacher
brickie	Maurer
chalkie	Lehrer *(Kreide-Person)*
chippie	Schreiner *(Splitter-Person)*
cleaner upper*	Putze *(von* clean up *= sauber machen)*
fang farrier*	Zahnarzt *(Zahn-Hufschmied)*
fireie / firee	Feuerwehrmann
garbo	Müllmann
journo	Journalist
pollie / polly	Politiker
pen pusher*	Bürohengst
postie	Briefträger
quack / doc	Arzt *(nicht abfällig!)*
truckie	LKW-Fahrer

Diese Liste ist nur ein kleiner Einblick, denn es gibt fast ebenso viele Abkürzungen wie es Berufe gibt. Farmer nennt man auch cocky, *bzw. je nach genauem Gewerbe* cow cocky *(Kuh-Farmer),* wheat cocky *(Weizen-Farmer),* cane cocky *(Zuckerrohr-Farmer).*

Harte Arbeit

Wer alle **perks** *(Zulagen)* und **comp(o)** *(von* **worker's compensation** = *Krankheitsgeld)* bekommen will sowie eine gute **super** *(kurz für* **superannuation** = *Rente)* ansparen möchte, arbeitet meist wie ein Pferd:

He's been putting in the hard yards.
er hat die harten Meter(0,914 m) reingesteckt
Er hat alles gegeben.

I've been working my arse off.
Ich hab mir den Arsch abgearbeitet

Besonders ein **shitkicker** *(Scheiße-Lostreter)* hat viel körperliche Arbeit auf dem Buckel:

a whole sack of work	*ein ganzer Sack Arbeit*
hard yakka	*harte Arbeit*
hard slog	*harte Schufterei*

I've been running around like a blue-arsed fly.
ich rannte herum wie eine blau-ärschige Fliege
Ich hatte extrem viel zu tun.

Aber Achtung: Running around like a headless chook *bedeutet „kopflos herumrennen".*

I'll get (my teeth) stuck into it.
ich werde (meine Zähne) da reinstecken
Ich knie mich rein.

Einen Aussie aus der Arbeiterschicht nennt man einen knockabout *(einen, den man herumstößt).*

He brings home the bacon.
er bringt den Speck nach Hause
Er bringt das Geld nach Hause.

He gets in for his chop.
er geht für sein Kotelett rein
Er holt sich seinen Teil.

Mit der Wendung horses for courses *(Pferde für Rennbahnen) meint man: „die richtige Person für den Job".*

He was going full bore.
er ging volle Bohrung
Er gab alles.

He calls the shots.
Er hat das Sagen. *(sagt die Schüsse an)*

He knows his shit.
er kennt seine Scheiße
Er kennt sich aus.

etwas Ansporn

Kurz und knapp heißt es auch Get going! *(lass gehen),* Giddy-up! *(steh auf),* Pack it in! *(pack's ein),* Go on! *(geh schon) oder* Carry on! *(mach weiter).*

Get off your arse, mate!*
Jetzt krieg schon den Hintern hoch, Mann!

Get your arse into gear!
krieg deinen Arsch in den Gang
Setz deinen Hintern in Bewegung!

Crack the whip!
Komm lass es krachen! *(die Peitsche)*

You gotta bite the bullet.
du musst auf die Kugel beißen
Da musst du jetzt durch.

Muck *bedeutet wörtlich „Dung" oder „Dreck".*

No mucking around / about.
Keine Fisimatenten mehr.

Noble Versuche

I will give it a go / burl / burst / whirl / shot.
Ich werd's mal ausprobieren.

I'll have a lash / go / shot / bash at it.
Ich werd's mal versuchen.

I'll take a shot / a go at patching it up.
Ich versuch mal, es zu reparieren.

wörtlich:
bash = *heftiger Schlag*
burl = *Dreh*
burst = *Ausbruch*
go = *Startsignal*
lash = *Hieb*
shot = *Schuss*
whirl = *Wirbel*

Let's suss out all the options.
Lass uns alle Optionen abchecken.

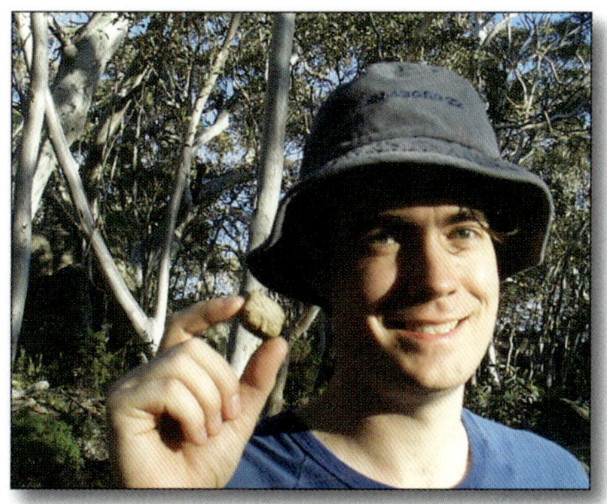

Wenn die Versuche fruchten, heißt es **Bob's your uncle,** im Sinne von „Na bitte, es funktioniert doch" oder „Wenn du dich dran hältst, dann wird's schon klappen." Ebenfalls beliebt ist:

That'll do the trick.
das wird den Trick machen
So wird's schon gehen.

Kleine Mätzchen

I fucked around with the guitar for a bit.
Ich hab 'ne Weile mit der Gitarre rumgefummelt.

You can't help yourself, can ya?
du kannst dir nicht helfen, was
Du kannst es einfach nicht sein lassen, was?!

Hier sieht man wieder einmal, wie Formulierungen, die im Englischen gar nichts Schlimmes aussagen, wortwörtlich im Deutschen extrem deftig klingen.

He's always fart-arsing around / about.
Er vertrödelt die Zeit.

Statt **fart-arse** *(furz-arschen)* geht auch **buggerise** *(arschficken)*, **fuck** *(ficken)* oder einfach nur **arse** *(arschen)*.

He doesn't muck about / around.
er macht keinen Dreck
Er macht keine Mätzchen.

Faule Säcke

Eine faule Socke nennt man einen **slack arse*** *(träger Arsch)* oder belegt man mit folgenden Kommentaren:

He just sits on his arse.
Der kriegt den Hintern nicht hoch.

I did bugger-all / fuck-all today.
Ich hab heute so gut wie nichts gemacht.

That looks like a nice 'n' cushy job.
Das sieht nach einem netten und bequemen Job aus.

Geht man stempeln, ist man **on the dole.** Weil es unter den Arbeitslosengeldempfängern genügend schwarze Schafe gibt, die sich gar nicht erst um Arbeit bemühen, beschimpft man sie als **(dole) bludger***, sprich Faulenzer, die das System ausnutzen. Diese Typen sind nie weit, wenn es ein **freebie** *(etwas umsonst)* oder etwas **on the house** *(auf Kosten des Hauses)* gibt.

Entlassen

He got the sack.
Er wurde gefeuert.

Statt **sack** *(Sack = letzter Geldbeutel)* sagt man auch **arse** *(Arsch)*, **boot** *(Stiefel = Tritt in den Hintern)*, **shove** *(Schubs)*, **flick** *(Flitschen)*, **bullet** *(Kugel)*, **hammer** *(Abkürzung von* **hammer and tack,** *reimt sich auf* sack*)*, **chop** *(Hacke = keine Zahlungen mehr)*, **pink slip** *(rosa Umschlag = Kündigung)* oder **DCM (Don't Come Monday** = *Sie brauchen Montag nicht wiederzukommen)*. Man sagt aber auch: **get sacked** *(in den Sack gesteckt werden)*, **get fired** *(gefeuert werden)* und **get the flick** *(weggeflitscht werden)*.

Mit einem golden handshake *(goldenen Händedruck = Abfindung) hat man erst einmal keinen Grund zur Sorge.*

They let him go.
Sie haben ihn gehen lassen.

The bum's rush *sagt man auch, wenn man z. B. aus einem Pub geworfen wird, oder wenn die Vorschläge einer Person abgelehnt werden.*

He was given the bum's rush!
er bekam die Hintern-Eile
Er wurde fallen gelassen wie eine heiße Kartoffel.

Hängt man seinen Job selbst an den Nagel:

I chucked in the job.
ich habe den Job reingeworfen
Ich hab den Job sausen lassen.

Frei nehmen / haben

Unter der Woche sehnt man sich nach dem **Poet's day** *(Poetentag),* dem Freitag. **Poet** steht für **piss off early, tomorrow's Saturday** *(früher verpissen, denn morgen ist Samstag).* Unerlaubtes Fernbleiben von der Arbeit nennt sich **gone AWOL** *(von* absent without leave *= abwesend ohne Beurlaubung).*

Pop out *bedeutet wörtlich „herausspringen".*

I'm gonna pop out for lunch.
Ich geh mal kurz zum Mittag essen.

I pulled / took a sickie today.
Ich hab mich heute krank gemeldet.
(ohne krank zu sein)

Wer krank arbeitet, steckt alle leicht an mit **dog's disease** *(Hundekrankheit = Influenza).*

He didn't turn up today.
Er ist heute nicht aufgetaucht.

I wagged school today.
Ich hab heute die Schule geschwänzt.

When will you knock off work today?
Wann machst du heute Feierabend?

I pissed off early today.
ich habe mich heute früh verpisst
Ich hab heute früh Feierabend gemacht.

I have some time off this arvo.
Heute Nachmittag habe ich ein bisschen Zeit (frei).

Wer vom hektischen Leben in der City genug hat, entscheidet sich schon mal für einen seachange *(See-Änderung = Tapetenwechsel), also einen Umzug in die Kleinstadt oder an die Küste.*

Relaxen & Schlafen

Spannt man sich endlich wieder richtig aus, dann heißt das **unwind** *(herunterwinden)*, **veg out** *(dahinvegetieren = rumhängen)*, **hang out** *(rumhängen)*, **crash out** *(zusammenbrechen = vor Erschöpfung einschlafen)*, **flake out** *(ausflocken = vor Erschöpfung einschlafen)* oder **kick back** *(die Rückenlehne runterdrücken = relaxen)*.

I'll have a snooze / nap.
Ich mach mal ein Nickerchen.

I'll hit the sack / hay.
ich treffe auf den Sack / das Heu
Ich hau mich aufs Ohr.

Wie man das aus Comic-Heften kennt, ist zzz *ein Synonym für das Geräusch beim Schnarchen. Das Schlafen kann man auch mit* catch some zzz *(einige Z's einfangen) ausdrücken.*

Ganz und gar munter ist man hingegen, wenn die Rede ist von bright-eyed and bushy-tailed *(mit leuchtenden Augen und buschigem Schwanz).*

I'll push / stack up some zeds.
ich werde einige Z's drücken / aufstapeln
Ich werd etwas schlafen.

Jemand, der sich lange ausschläft, hatte einen **sleep in** *(Hineinschlaf)* und ist vermutlich beim Aufstehen eher **dopey** *(bedöselt)* oder **sleepy** *(schläfrig)*, **tired as** *(müde wie; Vergleich wird ausgelassen)* oder **dead tired** *(todmüde)*. Die schläfrige Person kann man verniedlichend mit **sleepy head** *(Schlafkopf = Schlafmütze)* ansprechen.

I'll crash at his place.
ich breche bei ihm zusammen
Ich werde bei ihm pennen.

I'm kipping at his place for a couple of days.
Ich knacke ein paar Tage bei ihm.

He's dead to the world.
er ist tot für die Welt
Er ist fix und fertig.

Lead-Foot It. Just Down The Road

Wenns ums Auto geht, teilt sich die Nation traditionell in zwei Lager: Ford-Liebhaber und Holden-Liebhaber (Opel bzw. General Motors). Ein typisch australisches Automodell ist der **ute,** kurz für **utility vehicle** *(Nutz-*

fahrzeug mit offener Ladefläche), am besten ein **vee eight / V8** *(Achtzylinder)*. Die haben **plenty of grunt** *(genügend Grunzer)*, gemeint ist damit „viel Power“. Damit hinterlassen die Jungs typische Reifenmarkierungen auf den Straßen:

donuts / doughnuts / doughies kreisförmige Reifenspuren *(kreisrunder Krapfen mit Loch in der Mitte)*
circle work schnelles Fahren im Kreis *(Kreisarbeit)*
burn outs Qualmen der Reifen *(Ausbrennen)*
skid marks schlangenartige Spuren *(Schleuderspuren)*

Squealies *(Quietscher) hinterlassen keine Spuren, sondern bezeichnet eine Fahrweise, bei der die Reifen hörbar quietschen.*

Weil diese Jungs gern damit angeben, viele Mädels flachzulegen, gibt es den doppeldeutigen Spruch:

These boys know how to burn rubber, eh?
diese Jungs wissen, wie man Gummi verbrennt, wa
Die Jungs lassen nichts anbrennen, was?!

Hier muss man den **Holden Sandman** erwähnen, dessen Modellname über der ganzen Breite der Heckklappe des **panel van** *(Kombi)* prangt. Der **sandy** ist bei **surfies** *(Surfern)* beliebt zum Transportieren von **longboards** *(lange Surfbretter)*, aber ist eben auch ideal zum Flachlegen der Mädels. Daher hat das Modell auch den Beinamen **fuck truck** *(Fick-*

Typisch australische Automodelle, die man vom Namen her kennen sollte, sind der Ford Falcon *und der* Holden Monaro.

LKW), **sin bin** *(Sünde-Eimer)* oder **shaggin' wagon** *(Bums-Wagen).*

Geländewagen im Busch nennt man **bush-basher** *(Buschschläger),* und entsprechend nennt sich die Aktivität des Herumfahrens oder Herumwanderns im Busch **bushbash.**

Ist das Auto eine alte Schleuder, heißt es: **bomb** *(Bombe),* **lemon** *(Zitrone),* **ruffy** *(Raubein),* **rust bucket** *(Rosteimer),* und wenn es irreparabel ist, **a write-off** *(zum Abschreiben).* Gab es einen **prang** oder **bingle** *(Unfall),* sind meist **dings** *(Beulen)* zu sehen. Ein nicht länger verkehrstüchtiges Auto wird gern als **paddock-basher** *(Feld-Schläger)* eingesetzt, d. h. zum wilden Herumfahren auf den Feldern aus reinem Zeitvertreib. Ein großes, zumeist altes Auto nennt man **(a bit of a) beast** *(ein bisschen was von einem Biest).* Beim **fart-mobile** *(Furz-Mobil)* knattert der Auspuff.

Ausländische Automodelle, für die man Spitznamen verwendet: Beamer *(BMW),* Merc *(Mercedes),* Jag *(Jaguar),* Rolls / Roller *(Rolls Royce),* Vee Dub / Volksie *(Volkswagen),* bug *(alter VW-Käfer) und* beetle *(neuer VW-Käfer). Ein* yank tank *ist eine Bezeichnung für ein protzig großes amerikanisches Automodell.*

He trashed his (set of) wheels.
er verschrottet seine Räder / seinen Satz Räder
Er hat seinen Wagen zu Schrott gefahren.

Lässt jemand die Kupplung nicht gleichmäßig kommen, nennt man die ruppigen Hüpfer **bunny-hop** *(Kaninchen-Hüpfer)* oder **kangaroo(-hop)** *(Känguru-Hüpfer).*

Von einem Wagen, der gut in Schuss ist, sagt man, dass er **in good nick** ist. Ein solches Auto nennt man **plum** *(Pflaume).* Zum Verkauf stehen sie **cocked** *(wie ein Hahn; gesäubert und hergemacht)* beim Autohändler bereit. Einen

heißen Schlitten betiteln die Australier mit **red-hot car** *(rotglühendes Auto)*, und der ist nicht selten getunt und frisiert: **hotted up** *(heißer gemacht)*, **geared up** *(hochgeschaltet)* oder **souped up** *(aufgesuppt = aufgetakelt)*.

Will man den Motor einmal richtig aufheulen hören, fordert man **Let 'er rip!** *(lass sie reißen)*, denn natürlich sind Autos in den Augen der Männer immer weiblichen Geschlechts. Aufforderungen zum Schnellfahren sind:

give it herbs	*gib ihm Gewürze*
lead-foot it	*fahr ihn mit Bleifuß*
floor it	*tret ihn durch*
gun it	*schieß ihn durch*
fang it	*fahr schnell mit ihm*
hoon it	*„prolete" ihn*
go for a burn	*fahr zum Brennen (Rennen)*

I've been done for speeding again.
Ich hab schon wieder ein Knöllchen fürs zu schnelle Fahren bekommen.

I got done / busted / nicked.
Ich wurde erwischt. *(z. B. Verkehrsvergehen)*

We were only doing 100 k's.
Wir fuhren nur 100 km/h.

Zu den besonderen Richtungsangaben beim Autofahren gehört **hang a left / right** *(hänge ein Links / Rechts)*, sprich „links / rechts ab-

Besonders in Sydney und Melbourne macht man sich auch gerne über die Geländewagen lustig, die den Busch nie zu sehen bekommen und nur in der City gefahren werden. Dabei ist der erste Teil des Spitznamens immer ein Nobelvorort der jeweiligen Stadt: Balmain bulldozer, Bronte buggy, Burnside bus, Toorak tractor, North Shore tank, Rose Bay shopping trolley …

biegen“ oder **chuck a U-ie / uey** *(wirf ein U)*, wenn eine 180-Grad-Wendung gemacht werden soll. Kilometerangaben werden auch mit **clicks** gemacht, **140 clicks from here** sind also „140 Kilometer von hier“. Soll abgebremst werden, heißt es **hit the anchors** *(hau auf die Anker)*.

Einen Raser nennt man hoon* *(Prolet)*, revhead *(Touren-Kopf)*, petrol head *(Benzin-Kopf) oder auch* petrol freak *(Benzin-Freak)*.

Big Bickies. Chickenfeed.

Für Geld gibt es allerlei Synonyme: **dough** *(Knete)*, **bickies** *(Kekse)*, **cash** *(Bares)*, **brass** *(Messing)*, **bread** *(Brot = Einkommen)*, **bucks** *(Felle)*, **smacks** *(Knaller)*, **clams** *(Muscheln)* sowie **dosh** und **moolah**, deren ursprüngliche Bedeutung nicht geklärt ist. Kleingeld nennt man auch **shrapnel** *(Schrapnell)*.

Das aus dem Amerikanischen stammende bucks *geht auf* buckskin *(Bockfell) zurück, welches einst als Zahlungsmittel bei Tauschgeschäften mit den Indianern verwendet wurde.*

I can chip in a few bickies.
ich kann ein paar Kekse beisteuern
Ich kann etwas Kohle beisteuern.

Did you bring the freight?
Hast du die Asche dabei? *(wörtl.: Fracht)*

I paid top dollar for it.
Ich hab gutes Geld dafür bezahlt.

Besonders für die Scheinchen kennt man Spitznamen, die oft Bezug auf die Farbe der Banknote nehmen:

grand, G, gee *(Riesen),* **gorilla** *(Gorilla),* **K** *(Kilo)*	1000 $
greenback *(Grünrücken),* **avocado, avo** *(Avocado)*	100 $
half spot *(halber Fleck)*	50 $
lobster *(Hummer),* **salmon** *(Lachs),* **redback** *(Rotrücken; Spinnenart)*	20 $
tenner *(Zehner),* **blue swimmer** *(blauer Schwimmer)*	10 $
fiver *(Fünfer)*	5 $
big one *(Großer)*	1/1000 $

Grey nurse *(graue Nonne; auch Bezeichnung einer Hai-Art) für den 100-$-Schein sagt kaum noch jemand, denn der alte graue Schein wurde inzwischen durch den grünen Plastikschein ersetzt.*

Her salary is well over 40 K.
Ihr Gehalt liegt dicke über 40.000.

I shelled / forked out fifty grand.
ich habe 50 Riesen ausgeschalt/ausgegabelt
Ich hab mir 50 Riesen aus den Rippen geschnitten.

Veraltende Synonyme für Geld sind auch bob *(Schilling) und* quid *(Pfund), die sich auf die alte britische Währung beziehen.*

They cost a tenner a pop.
Die kosten einen Zehner pro Stück.

Damit es bequem zu tragen ist, bewahrt der Mann es im **kick** *(Tritt = Schritt)* auf, wie man die Börse des Mannes nennt. Der **cunning kick** *(schlaue Tritt),* **hip pocket** *(Hüft-Tasche)* oder **secret whippy** *(heimliche Wippe)* ist das Ersparte, das er irgendwo versteckt hat.

How much have you got in your kick?
wie viel hast du in deinem Tritt
Wie viel hast du im Portmonnee?

Big Bickies. Chickenfeed.

Geht es ans Bezahlen irgendeiner Rechnung, fragt man:

What's the damage?
was ist der Schaden
Wie viel macht das?

Das große Geld

Das große Geld nennt man **big bucks, megabucks** oder ganz australisch **big bickies / bikkies.**

Statt tons *(Tonnen) nimmt man auch* heaps *(Haufen),* whips *(Peitschenhiebe),* scads *(Massen),* oodles *(Unmengen),* loads *(Ladungen),* fuck-loads *(verdammte Ladungen) oder* a shit-load *(eine Scheiß-ladung). Diese Mengenangaben kann man natürlich auch auf etwas anderes als Geld beziehen.*

He has tons of money.
Er hat tonnenweise Geld.

She's got a pile / mountain of cash stashed away.
Sie hat einen Haufen / Berg Bargeld weggelegt.

They are talking big bickies!
Die reden von viel Geld!

She earns a packet.
Sie verdient einen Haufen Geld.

Statt **a packet** *(ein Paket)* kann man auch von **a fuck-load / shit-load of money** *(eine verdammte Ladung Geld)* sprechen. Ist jemand so reich, nennt sich das **well-off** *(gut ab)*, **loaded** *(geladen)* oder gar **filthy rich** *(stinkreich)*.

A bit heißt meist „ein bisschen“, kann aber auch eine bescheidene Geldsumme meinen:

I have a bit stashed away.
Ich hab etwas (Geld) auf der hohen Kante.

She has more than you can poke a stick at.
sie hat mehr als du einen Stock reinstecken kannst
Sie hat alles.

Das „alles“ kann man auch zum Audruck bringen mit **the whole box and dice** *(die ganze Schachtel und alle Würfel)*, **boots and all** *(Stiefel und alles)*, **the whole shebang** *(das ganze Gedöns)* und außerdem **the lot** *(das Ganze)*.

He's all cashed-up.
Er hat ein gefülltes Portmonnee.

Auf diese Weise wird es schnell rappelvoll bis oben hin beladen: chock-a-block *oder* chocker(s).

He racked up some cash.
Er hat etwas Kohle zusammengekratzt.

It's fuckin' good money.
Das ist verdammt gutes Geld.

Geiz

Der **tight-arse** *(zusammengekniffene-Arsch)* oder **cheapskate** *(Billig-Kufe)* sind Geizkragen. Sie sind **tight-arsed** *(mit zusammengekniffenem Arsch)*, **tight-fisted** *(mit zusammengeballten Fäusten)*, **stingy** *(knauserig)* oder **tight as** *(zusammengekniffen wie)* **...**

... a bull's arse in fly time / season
ein Bullenarsch in der Fliegensaison
... a duck's arse / fish's arse / mouse's ear
ein Entenarsch / Fischarsch / Mäuseohr

Insbesondere, wenn es darum geht, dass sich jemand aus Geiz vor dem Spendieren einer Runde Bier drückt, heißt es:

a death adder in his / her pocket
eine Todesnatter in seiner / ihrer Tasche
a mousetrap in his / her pocket
eine Mausefalle in seiner / ihrer Tasche
short arms and deep pockets
kurze Arme und tiefe Taschen

Schnäppchen

Wer weniger Kohle hat, muss sich bei einer **bargain hunt** *(Schnäppchenjagd)* auf die Suche nach **bargains** *(Schnäppchen)* machen. Ein **good deal** *(guter Deal)* ist, wenn man nur **mates' rates** *(Freundschaftspreise)* zahlen muss.

It fell off the back of a truck, eh?
das fiel hinten vom LKW, was
Das ist wohl vom Laster gefallen?!

Super preiswert ist **cheap as chips** *(billig wie Chips)*, **cheap as dirt** *(billig wie Dreck)* oder **dirt-cheap** *(Dreck-billig)*.

That's bugger-all / fuck-all.
Das ist (so gut wie) nichts!

Abzockerei

It's a fucking rip-off!
Das ist 'ne verdammte Abzocke!

Daylight robbery *(Raub bei Tageslicht) ist eine weitere Wendung für Abzockerei.*

It cost an arm and a leg.
es kostete ein Arm und ein Bein
Es war superteuer.

I've been paying through the nose.
ich habe durch die Nase gezahlt
Ich hab mich dumm und dusselig gezahlt.

Big Bickies. Chickenfeed.

They really slug you at that place.
die haben dich dort wirklich geschlagen
Die haben dich dort richtig ausgenommen.

He ripped her off for megabucks.
Er hat ihr das große Geld abgezockt.

Shafted *hat aber auch die Bedeutung „gefickt", denn* shaft *ist ein erigierter Penis.*

The bloke shafted me.
der Typ hat mich aufgespießt
Der Typ hat mich über den Tisch gezogen.

Besonders nach einer Scheidung:

She cleaned me out / milked me dry.
sie hat mich ausgereinigt / trocken gemolken
Sie hat mich ausgenommen.

Wenn man jemanden treffen will, wo es wirklich weh tut, muss man den hip pocket nerve *(Hüfttaschennerv = Brieftasche) treffen.*

She's taken me to the cleaners.
sie hat mich zur Reinigung genommen
Sie hat mich bis aufs Hemd ausgezogen.

You will need to dip deep into your pockets.
Du wirst tief in die Tasche greifen müssen.

Eine magere Ausbeute in puncto Geld nennt sich **chickenfeed** *(Hühnerfutter).*

I'm just scraping by.
ich kratze nur vorbei
Ich komm gerade mal über die Runden.

Everyone needs to tighten their belts.
Alle müssen den Gürtel enger schnallen.

abgebrannt

Es steht ein **bad trot** *(schlechter Trott beim Pferderennen = schlechte Zeiten)* bevor, wenn man absolut **broke** *(pleite)*, **stone-broke / stony-broke** *(stein-pleite = völlig pleite)*, **broke to the wide** *(komplett pleite)* oder **skint / skinned** *(gehäutet = abgebrannt)* ist.

He went belly-up.
er ging Bauch-nach-oben (= tote Fische im Wasser)
Er ist pleite gegangen.

I'm down to my bottom dollar.
ich bin runter auf meinen untersten Dollar
Ich hab keinen Cent mehr.

I don't have a cracker.
Ich hab keinen Kreuzer.

I don't have a brass razoo / brazoo.
Ich hab keinen Penny mehr.

Razoo *ist ein altes Wort für einen Chip für Spielautomaten, der zumeist aus Messing war.*

I couldn't stump up the cash.
ich konnte das Bargeld nicht aufstampfen
Ich konnte das Geld nicht auftreiben.

Zu guter Letzt noch eine australische Weisheit zum Thema Geld:

A fool and his money are soon parted.
ein Trottel und sein Geld sind bald getrennt
Wie gewonnen, so zerronnen.

Pub Crawl: Your Shout!

Mit einem Smartphone können Sie sich die mit einem gekennzeichneten Sätze dieses Kapitels anhören.

Freitags wird in den Betrieben oft kollektiv früher Schluss gemacht, zum **beer o'clock.** Das ist das gemeinsame Biertrinken in der Firma oder in der **corner pub** *(Eckkneipe)*. Geht man mit Australiern auf eine **pub crawl** *(Pub-Kriechen = Kneipentour)* in **watering holes** *(Wasserlöchern)*, muss man vor allem beherzigen, dass hier jeder reihum die Runden spendieren muss. Einfach nur für sich die Drinks zu holen, gehört sich nicht.

My shout.	**It's your shout.**
Meine Runde.	Du bist dran.

Ein hotel *hat in Australien traditionell eine Bar, ein Restaurantzimmer, ein Loungeraum und oft auch ein Spirituosengeschäft. In den oberen Etagen hat es zusätzlich noch Schlafräume zu vermieten, aber das ist heute längst nicht mehr überall der Fall. Das heißt, es gibt in Australien Hotels, in denen man nicht übernachten kann!*

Eine arme Socke ist man, wenn man gezwungen ist **to drink with the flies** *(mit den Fliegen trinken)*, sprich ganz mutterseelenallein. Um sich zuzuprosten, sagen die Australier **Bottoms up!** *(hoch mit den Unterseiten)*, **Drink up!** *(Trink auf)*, **Get-it-inteya!** *(krieg es in dich rein)*, oder:

Down the hatch!
die Klappe runter
Immer runter damit!

Bier

Die üblichsten Bestellgrößen für Bier vom Fass sind 285 ml und 425 ml.

	285 ml	425 ml
NSW	**middy**	**schooner**
NT	**handle**	**schooner**
QLD	**pot, middy, ten**	**schooner**
SA	**schooner**	**pint**
TAS	**ten, pot, handle**	–
VIC	**pot**	**schooner / pint**
WA	**middy**	**schooner**

Die vielen kleinen Glasgrößen unter 285 ml wie shetland, pony, bobby, butcher, five, six, seven *und* eight *werden heutzutage in den Pubs gar nicht mehr geführt. Auch die über 425 ml, wie* imperial pint *und* twenty, *sind ungebräuchlich geworden.*

Geht man in einen **bottle shop** *(Flaschen-Shop = Spirituosengeschäft)* sollte man den Unterschied zwischen der üblichen Bierflaschengröße **stubbie** (375 ml; *Kurzer)* und der größeren und selteneren **longneck** (750 ml; *Langhals)* kennen. Letztere nennt man auch **largie** *(Große),* **tallie** *(Hohe),* **big bot** *(große Flasche),* **longbrown** *(Lang-Braune, wegen der Farbe des Glases)* oder **king brown** *(Name einer giftigen Schlange)*. Alternativ gibt es auch **coldies** *(kalte Bierflaschen),* **tinnies** *(Bierdosen),* oder seltener so genannte **tubes** *(0,5-l-Bierdosen).*

In der Regel trinkt man sein Bier aus der Flasche, und damit es schön kühl bleibt, im **stubbie holder** – ein isolierender Mantel für die Bierflasche, im Pub aus Styropor, in Privathaushalten meist aus Neopren.

Einen Kasten Bier gibt es im Grunde nicht, denn das Bier ist lediglich in Kartons abgepackt: **carton** *(Karton),* **box** *(Box),* **case** *(Kiste),* **slab** *(Platte)* oder auch **block** *(Block).*

Nimmt man zu Mittag nur etwas Alkoholisches (meist ein Bier) zu sich, nennt man das **liquid lunch** *(flüssiges Mittagessen).* Geht man

Bekommt man im Privathaushalt ein Bier im Glas serviert, handelt es sich sicher um homebrew, *d. h. selbstgebrautes Bier. Die* brewkits *(Braumischungen) gibt es im Supermarkt zu kaufen.*

aus und nimmt für unterwegs, sozusagen als „Fahrtbier“ noch einen Drink mit, kündigt man dies an mit **one for the road** oder **a roadie** *(eins für die Straße)*.

Ron *kommt von* later on *(später), und* Justin *von* just in case *(für den Fall).*

Keep one for Ron / Justin.
Heb einen für später auf. *(nicht nur Drink)*

Allgemeines

Mit dem Hinweis **BYO(G) = Bring Your Own (Grog)** wird klar gemacht, dass man den Alkohol selbst mitbringen muss / kann. Im Restaurant ist meist nur Wein oder Schampus gemeint – kein Bier oder Spirituosen. Fragt man auf einer Party bei Ankunft, wo man die mitgebrachten Flaschen abstellen soll, heißt die Antwort oft:

Chuck / Throw ’em in the esky.
Wirf sie in die Kühlbox.

Grab a couple of coldies, will ya?
Hol ein paar (kalte) Flaschen Bier, ja?

We were having a couple of frothies.
wir hatten ein paar Schaumgekrönte
Wir hatten ein paar Bierchen.

Anotherie *ist eine Wortschöpfung, die* another one *ersetzt.*

Let’s have anotherie.
lass uns einen anderen haben
Komm, lass uns noch ein Bier trinken.

I'm dying for a drink.
Ich sterbe für einen Drink.

Let's nip down to the pub for a crafty.
Lass uns zum Pub runterflitzen auf einen Drink oder zwei.

Ein crafty *ist wörtlich ein „Schlaues".*

Mit A top up? *fragt man jemanden, ob man sein Glas wiederauffüllen soll.*

Let's hook up later on.
Lass uns nachher was machen.

Wanna beer, or something?
Willste 'n Bier, oder so?

Just a squirt, thanks.
Nur einen Schluck, danke. *(wörtl.: Spritzer)*

Wenig begeistert ist der Aussie, wenn sein Glas nicht randvoll gemacht wird:

The tide is out.
die Gezeiten sind raus
Das ist ja halbleer.

Pub Crawl: Your Shout!

Der Slang hat seine Fachausdrücke für alle möglichen Arten von Alkoholischem:

piss	Bier *(Pisse)*
booze	Alkoholisches
grog	hochprozentiger Fusel
lunatic soup	Alkoholisches *(Idiotensuppe)*
plonk	billiger (schlechter) Wein
champers	Schampus
bubbly	Sekt / Schaumwein *(Blubberndes)*
cleanskin	Weinflasche ohne Etikett *(saubere-Haut)*
bundy	(Bundaberg-)Rum
cab sav	Cabernet Sauvignon *(Rebsorte)*
top drop	guter Tropfen *(Spitzentropfen)*

Billigen Wein im Karton kennt man unter vielen Namen: bag of death *(Todestüte),* boxie *(Box),* box monster *(Boxmonster),* red handbag *(rote Handtasche),* cardboard handbag *(Papphandtasche),* chateau de cardboard *(Château Pappe) usw.*

Let's crack (open) a bottle of champers.
Lasst uns 'ne Flasche Schampus aufmachen.

Vorsicht: Ein Grund, für die Australier aus der Flasche zu trinken und ihr Glas in Nachtclubs nie aus den Augen zu lassen, ist das **drink spiking.** Dabei gibt jemand mit unlauteren Absichten Drogen oder hochprozentigen Alkohol ungefragt ins Getränk.

He slipped a mickey in me drink.
Er hat etwas in mein Getränk getan.
(Die Herkunft von mickey *in diesem Zusammenhang ist nicht geklärt.)*

Besäufnis

Hat man nur einen kleinen Schwips, ist man **tipsy, tiddly, woozy** oder **lushy.** Dass man sich einen Drink genehmigt, kündigt man auch an mit **wet the whistle** *(die Trillerpfeife nass machen)* oder **splash the tonsils** *(die Mandeln befeuchten)* als Anspielung darauf, dass Betrunkene gern singen. Weitere Ankündigungen eines Besäufnisses:

go on a bender	*auf einen Bieger gehen*
be out on a bender	*auf einem Bieger sein*
have a piss-up	*ein Bepissen haben*
have a booze-up	*ein Besäufnis haben*
get on the squirt	*auf den Spritzer kommen*
go on the turps	*auf den Fusel gehen*
hit the turps	*das Terpentin anhauen*
iron oneself out	*sich glatt bügeln*
write oneself off	*sich selbst abschreiben*

Den Drang zum Besäufnis nennt man im politischen Jargon binge drinking.

John is on the slops again.
John ist schon wieder am Saufen.

Statt slops *(Spülwasser) sagt man auch* piss *(Pisse),* grog *(Grog),* squirt *(Spritzer) und* sauce *(Soße).*

Ein **wedge** *(Keil)* ist ein Drink mehr für den, der schneller trinkt als die anderen.

He's dragging the chain.
er zieht die Kette hinter sich her
Er kann das Trinktempo nicht halten.

Auf die Frage ob man viel getrunken hat, lautet das typische Understatement:

The odd glass or two.
Das eine oder andere Glas.

I can knock one down / back.
Ich kann eins (einen Drink) weghauen.

I sank a few the other night.
Ich hab vorgestern ein paar versenkt.

Ein B&S (bachelor and spinster ball) *ist eine Art Ball im Outback, bei dem junge Leute von Farmen und isolierten Städten Gelegenheit haben, altersgleiche Partner kennen zu lernen.*

He washed down two tinnies.
Er hat zwei Dosen Bier runtergespült.

He skulled / guzzled a beer or two.
Er soff ein, zwei Biere.

Wer hingegen nicht trinkt, ist **on the (water) wagon** *(auf dem Wasser-Wagen)*. Jemand, der nichts verträgt, ist ein **two-pot screamer** *(zwei-Biergläser-Schreihals)*, nach einer alten TV-Werbung ein **Cadbury** oder ein **cheap drunk** *(billiger Betrunkener)*. Noch mehr Begriffe gibt ess für den Säufer: **alko / alco / alkie*** *(Alkie)*, **booze / grog artist** *(Fusel-Künstler)*, **gin jockey*** *(Gin-Jockey)*, **lush*** *(Säufer; Abkürzung von* Lushington*)*, **pisshead** *(Pisskopf)*, **pisspot*** *(Pisspott)*, **souse*** *(vom Verb für „einlegen in Salzlake")*, **wino*** *(Weinsäufer)* und wenn es so schlimm ist, dass die Person ins Bett muss: **cot case*** *(Fall für die Krippe)*.

All pissed up against the wall.
alles die Wand angepisst
Alles versoffen.

Standvermögen

We kicked on 'til the morning.
Wir haben bis morgens durchgemacht.

Am Morgen danach macht man rückblickend allerlei Feststellungen: **I got (completely) ...** und dann wahlweise **blind (drunk)** *(blind betrunken)*, **canned** *(eingemacht)*, **elephants** *(elefantisch, s. u.)*, **hammered** *(gehämmert)*, **hosed** *(abgespritzt)*, **inked** *(berauscht; Abk. von* intoxicated*)*, **loaded** *(beladen)*, **mute** *(stumm)*, **nuked** *(nuklear abgeschossen)*, **oiled** *(geölt)*, **paralytic** *(paralysiert)*, **pickled** *(eingelegt)*, **plastered** *(gepflastert)*, **rotten** *(verrottet)*, **shitfaced** *(scheiß-gesichtig)*, **slaughtered** *(geschlachtet)*, **sloshed** *(durchtränkt)*, **smashed** *(zerschlagen)*, **sozzled** *(angesäuselt)*, **spastic** *(spastisch)*, **stewed** *(gedämpft)*, **stiff** *(steif)*, **stinking / stinko** *(stinkend)*, **stonkered** *(besoffen)*,

Wenn man keinen designated driver *hat, sprich einen vorausbestimmten Fahrer, der keinen Alkohol trinkt, sollte man sich auf der Heimfahrt vor dem* booze bus *in Acht nehmen. Das ist ein Polizeiwagen, der gleich reihenweise die Vorbeifahrenden zum Blasen antreten lässt. Damit man nicht riskiert, über dem Limit zu sein, kann man seinen Alkoholgehalt im Blut oftmals schon im Pub vorab per* breathalyser *(Alkoholtestgerät) testen.*

stung *(gestochen)*, **tanked** *(betankt)*, **trashed** *(weggeworfen)*, **wasted** *(verdorben)* oder **zonked** *(geschafft)*.

Shitzen-faced *ist einfach ein Wortspiel aus* shitfaced *und* Schützenfest.

I got completely shitzen-faced at the Schützenfest in Adelaide.
Ich hab mich auf dem Schützenfest in Adelaide total zugesoffen.

Mit drunk *(betrunken)* macht man Wortspielchen wie **drunk as a skunk** *(betrunken wie ein Stinktier)*, **elephant's trunk** *(Elefantenrüssel)*, **Molly the monk** *(Molly der Mönch)*, auch abgekürzt zu **mollo.** Pissed *(bepisst)* kann man erweitern zu **pissed as a ...** und dann wahlweise **bastard*** *(Bastard)*, **cunt*** *(Fotze)*, **fart*** *(Furz)*, **forty arseholes*** *(vierzig Arschlöcher)*, **fowl** *(Geflügel)*, **newt** *(Molch)*, **parrot** *(Papagei)*, **skunk** *(Stinktier)* oder **tick** *(Zecke)*.

I got pissed to the eyeballs.
ich habe mich bis zu den Augäpfeln bepisst
Ich hab mich total voll laufen lassen.

I got pissed as a newt.
ich habe mich bepisst wie ein Salamander
Ich hab mich zulaufen lassen.

Full *(voll)* kann man erweitern mit **as a ...** *(wie ein / eine)* **boot** *(Stiefel)*, **goog** *(Ei)*, **tick** *(Zecke)* und **state school** *(staatliche Schule)*, die alle auch für „vollgefressen" gelten.

Hinterher beschreibt man den Zustand mit **I was ... blotto** *(wie Löschpapier)*, **legless** *(beinlos)*, **rolling drunk** *(rollend betrunken)*, **talking shorthand** *(Steno sprechend)*, **tired and emotional** *(müde und emotional)*, **(feeling) under the weather** *(wetterfühlig)* oder **well oiled** *(gut geölt)*.

He was far gone.
Er war total hinüber.

He's off his face.
er ist von seinem Gesicht runter
Er ist voll weggetreten.

Statt face *kann man auch* dial *(Wählscheibe = Gesicht),* nut *(Nuss = Hirn),* head *(Kopf) oder* tits *(Titten) einsetzen.*

She's away with the fairies / pixies.
sie ist weg mit den Feen
Sie ist total weggetreten.

Ist jemand schon ganz wackelig auf den Beinen, nennt sich das **stagger** *(torkeln)*. Fällt man auf die Nase, dann geht es **arse over tit, A over T** *(Arsch über Titten)* oder **base over apex** *(Basis über Spitze)*. Fällt die Person vornüber, kann man es auch **faceplant** *(Landung auf dem Gesicht = Bauchlandung)* nennen.

He's wearing his wobbly boots.
er trägt seine wackligen Stiefel
Er ist etwas wackelig auf den Beinen.

Jemand, der viel trinken kann, ohne dass es ihn umhaut, hat **hollow legs** *(hohle Beine)*.

Ausnüchtern

Das beste Mittel gegen den Kater ist, den Pegel zu halten. Dafür startet man am Morgen gleich wieder mit einem **heart-starter** *(Herzstarter)*. Am besten ist jedoch **sober up** *(ausnüchtern)*.

I feel pretty average after last night.
ich fühl recht durchschnittlich nach gestern Abend
Mir geht's bescheiden nach gestern Abend.

I reckon you're still half cut / half tanked.
Ich glaub, du bist noch halbbesoffen.

Tucker? Bog In!

Wenn ein Fastfood-restaurant Wünsche offen lässt, nennt mann das Etablissement auch chew 'n' spew* *(kau und spuck),* greasy spoon* *(fettiger Löffel) oder eben* McChuck* *(McWürg).*

Im Allgemeinen spricht man in Australien von **tucker,** wenn man „Essen" bzw. „etwas zu futtern" meint.

How about some tucker?
Wie wäre es mit etwas zu essen?

Alternativ hört man für etwas Essbares auch **munchies** *(Mampfereien),* **nibblies** *(Knabbereien)* **chow** *(Essen; aus dem Chinesischen),* **eats** *(Essen; auch: Restaurant),* **grub** *(Ausgegrabenes),* **nosh** *(Mahlzeit),* **hard tack** *(Schiffskeks)* und sofern es im Knast serviert wird **moosh / mush** *(Gemanschtes [insbesondere Porridge]).*

Time to put the feedbag on.
Zeit um den (Pferde-)Futtersack anzulegen
Es wird Zeit etwas zu essen.

Let's get a feed.
Lass uns etwas zu Essen holen.

Wanna go grab a bite, or something?
willste einen Bissen greifen gehen, oder was
Sollen wir was essen gehen, oder so?

Hunger

I have the munchies.	*ich habe die Mampferei*
I'm starving.	*ich verhungere*
I'm fading away.	*ich schwinde dahin*

I could eat a horse (and chase the rider).
ich könnte ein Pferd essen (und den Reiter jagen)
I could eat a horse if you took its shoes off.
ich könnte ein Pferd essen, wenn du ihm die Hufe abnimmst
My stomach / belly thinks my throat is cut.
mein Magen / Bauch denkt, meine Kehle ist durchgeschnitten

Essen

Für ein enthusiastisches „Hau rein" rufen die Australier: **Bog in!** *(Senk hinein!)*, **Dig in!** *(Grab rein!)*, **Hook in!** *(Hake ein!)*, **Hoe into it!** *(Hacke da rein!)* oder **Get your gob around this!** *(Krieg dein Maul um das hier!)*.

Statt to put the feedbag on *geht auch* for some calories *(für ein paar Kalorien).*

Die Mahlzeiten des Tages nennen sich brekkie *(Frühstück),* lunch *(Mittagessen),* din-dins *oder* tea *(beides: Abendessen).*

Fällt das Frühstück nicht gerade üppig aus, spricht man von einem dingo's breakfast *oder* dog's breakfast, *welches dann essentiell nur aus einem Schluck Wasser besteht.*

Weitere Begriffe für Sandwich sind: sammo, sammie, sambo, sango, sangwich, sangwidge *und* cut lunch *(geschnittenes Mittagessen).*

Wrap your laughing gear around that sanger!
wickle dein Lachgerät um das Sandwich
Iss das Sandwich!

I put a big hole in the chook.
ich habe ein großes Loch in das Hähnchen gemacht
Ich hab das Hähnchen fast aufgegessen.

I put away the pav.
Ich hab die Pavlova *(Baiser mit Sahne und Früchten)* verputzt.

Die große Liebe der Australier bleibt das Grillen, sprich **barbecue (BBQ)** oder **barbie.** Dazu gehören Steaks, Kartoffelscheiben, Zwiebelringe und die obligatorischen **snags** *(Würstchen).* Kleiner sind **little boys** *(kleine Jungs),* nämlich Cocktailwürstchen.

Es gibt aber noch mehr: **Lollies** sind Bonbons, keine Lutscher, **flake** *(Flocken)* ist Haifleisch, **bangers 'n' mash** *(Klopfer und Gemanschtes)* sind Würstchen mit Kartoffelbrei, **spag bog** bezeichnet Spaghetti Bolognese, **iceblock** *(Eisblock)* ist ein Eis am Stiel, **fairy floss** *(Elfenseide)* ist Zuckerwatte, **sauce** *(Soße; kurz für* tomato sauce*)* ist Ketchup, **cup of chino** *(Tasse von „Chino")* ist ein Cappuccino, **bum nuts** *(Hinternnüsse)* sind Eier, **dog's eye** *(Hundeauge)* ist reimender Slang für pie und bezeichnet ein herzhaftes Fleischküchlein, ein **(pie) floater** *(Treibender)* ist ebenfalls ein solches Fleischküchlein, das in Erbsensuppe schwimmt.

I knocked off what she knocked together.
ich klopfte ab, was sie zusammengeklopfte
Was sie zusammengeworfen (gekocht) hat, das habe ich weggehauen.

I tucked in / away what she dished up.
ich habe weggesteckt, was sie auftellerte
Ich habe verdrückt, was sie aufgetischt hat.

I got stuck into the bickies.
Ich habe mich auf die Kekse gestürzt.

Let's get the barbie happening.
Lasst uns den Barbecue anwerfen.

Hat jemand viel gekocht, kommentiert man das mit **cooked up a storm** *(einen Sturm zusammengekocht)*.

Sich vollfressen

Jemand, der sich der Völlerei hingibt, nennt man auch **pig** *(Schwein)*, **guts*** *(Gedärme)*, **garbage guts*** *(Mülldärme)*. In einer **feeding frenzy** *(Fütter-Verrücktheit)* frisst man wie ein Scheunendrescher, und das nennt sich **demolish** *(demolieren [auch beim Trinken])* oder **pig out** *(wie ein Schwein essen)*.

He's got hollow legs.
er hat hohle Beine
Er frisst wie ein Scheunendrescher.

Dabei kann es leicht passieren, dass man komplett **stuffed** *(gestopft)*, **full** *(voll)*, **chocker(s) / choca / chock-full** (*voll beladen; von* **chock-a-block**) ist:

up to pussy's bow
bis zum Buckel der Katze
tight as a drum
stramm wie eine Trommel

Lecker, oder nicht?

Ist etwas besonders lecker, ist es **delish** *(deliziös)*, **yum(my) / yummo** *(mjam-mjam)* oder schlicht **tasty** *(schmackhaft)*.

This sticky date cake is to die for.
dieser klebrige Dattelkuchen ist zum Sterben
Dieser Dattelkuchen ist einfach zu lecker.

Dunnytalk!

Es gibt viele Witze über das alte Plumpsklo im australischen Outback: **the outdoor dunny.** So wurde **dunny** zum ganz allgemeinen Begriff für „Toilette“. Ebenso oft nennt sich die Örtlichkeit **loo** *(Lokus)*, **can** *(Kabinett)*, **throne** *(Thron)*, **bog(ger) / boghouse** *(Kackhaus)*, **lav** *(Klo)*, **brasco** *(Markenname für Toiletten: Brass Co.)*, **crapper** *(Scheißer)*, **did(dy) / didee** *(Ort an dem man es getan hat)*, **honey pot** *(Honigtopf)*, **little house** *(Häuschen)*, **jake / john** *(Herkunft unbekannt)*, **kybo** *(Campingklo; abgeleitet von* Keep Your Bowels Open *= Halte deine Därme offen)*, **thunderbox** *(Donnerbalken)*, **toot** *(Toilette)*, **pot** *(Pott)*, **piss-house** *(Pisshaus)*, **shithouse** *(Scheißhaus)* oder abgekürzt davon **shouse.** Vornehmer ist es, von dem **little boy's room** *(Raum für kleine Jungs)* bzw. **gents** *(Herren)* oder **little girl's room** *(Raum für kleine Mädchen)* bzw. **ladies** *(Damen)* zu sprechen. Gerade Frauen sprechen von den Örtlichkeiten auch als **powder room** *(Puderraum)*.

She's busting to go.
sie birst um einen Versuch zu machen
Sie muss mal dringend.

I had a call from nature.
ich hatte einen Ruf der Natur
Ich muss mal.

Mit einem Smartphone können Sie sich die mit einem ⁹ gekennzeichneten Sätze dieses Kapitels anhören.

Eine alte Form der Toilette im Outback ist der flaming fury *(lodernde Zorn), so benannt nach dem Loch, dessen Inhalt regelmäßig mit Öl abgefackelt wird.*

Das Toilettenpapier hat auch so seine Namen: crap wrap *(Scheiß-Wickel) oder* date roll *(Dattel-Rolle).*

Das kleine Geschäft

Müssen Männer austreten, sagen sie:

I'm gonna take / hang a leak.
ich gehe ein Leck nehmen / hängen
Ich geh mal schiffen.

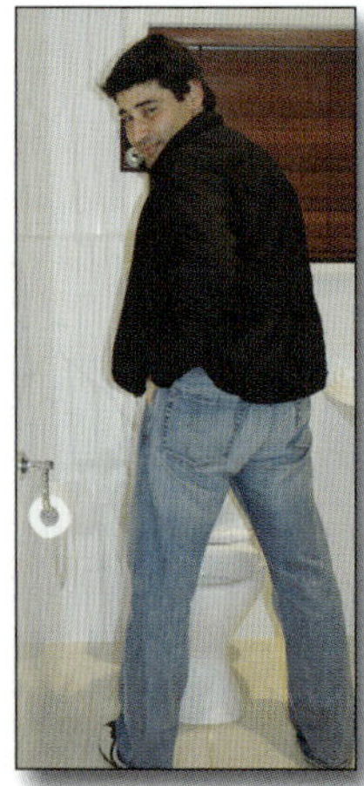

I am heading for a slash.
ich führe zu einem Planscher
Ich geh mal pinkeln.

Alternativ beginnt man mit **I'm gonna have a ...** und vervollständigt mit **piss** *(Pisse)*, **slash** *(Reduzierung)*, **splash** *(Planscher)*, **spray** *(Sprüher)* oder **squirt** *(Spritzer)*. Varianten mit „Schwanz schütteln" oder aber mit „Wasser" im weitesten Sinne:

shake hands with the wife's best friend
dem besten Freund der Ehefrau die Hand geben
shake hands with the unemployed
dem Arbeitslosen die Hand geben
shake the snake
die Schlange schütteln
let the Yellow River flow
den Gelben Fluss fließen lassen
drain the main vein / main drain
die Hauptader / das Hauptrohr entwässern
let the one-eyed water dragon out
den einäugigen Wasserdrachen auslassen
point Percy at the porcelain
Percy zum Porzellan (= WC) ausrichten

drain the dragon	*den Drachen entwässern*
siphon the python	*die Python entleeren*
empty the anaconda	*die Anaconda leeren*
rinse the prince	*den Prinzen ausspülen*
check the plumbing	*die Rohre prüfen*
splash the boots	*die Stiefel bespritzen*
water the horse	*dem Pferd Wasser geben*
strain the potatoes	*die Kartoffeln abgießen*

Geht man nach vielen Bieren endlich zum ersten Mal zum Klo, spricht man von **break the seal** *(das Siegel brechen)* oder **spike the keg** *(das Fass anschlagen)*.

Bei Frauen ist die Ausdrucksweise weitaus weniger variationsreich:

go for a twinkle	*ein Pinkelpäuschen machen*
powder the nose	*sich die Nase pudern*
spend a penny	*einen Penny ausgeben*
split the rug	*den Teppich teilen (Schamhaar)*

Kindersprachlich ausgedrückt, redet man von pee, wee, piddle, tinkle, twinkle, widdle *(pinkeln).*

Das große Geschäft

Einen Tampon nennt man im Australischen auch plug *(Stopfen), und Binden sind* rags *(Lumpen) oder* surfboards *(Surfbretter).*

Kreative Ankündigungen sind hier auch eher aus dem Munde der Männer zu hören. Besonders verwirrt war ich, als mein australischer Partner ankündigte: **I'm gonna see a man about a dog.** Dabei ist mitnichten die Rede von einem Hund, sondern es handelt sich um einen Reim auf I'm going for a bog. Und **bog** ist ein Kothaufen – reimender Slang also mal wieder.

dump a load	*einen Haufen abladen*
have a crap	*einen Scheißhaufen haben*
hang a bog	*einen Kothaufen hängen*
lay a cable	*ein Kabel legen*
build a log cabin	*eine Holzhütte bauen*
do a kanga	*ein Känguru legen*
do a number two	*eine Nummer zwei machen*

Kangaroo *reimt sich auf* poo.

Eine typische Ankündigung von Männern für ihre allmorgendliche Hygiene-Session ist: shit, shave, shower *(scheißen, rasieren, duschen).*

take a dump / crap / shit
einen Haufen / Scheißhaufen / Scheiße machen
drop the kids off at the pool
die Kinder am Pool(= Toilettenschüssel) absetzen
drop / choke / strangle a darkie
einen Dunklen fallen lassen / ersticken / erwürgen

Phantasievolle Begriffe für den übelriechden Auswurf nach einer durchzechten Nacht sind after-grog bog (AGB), post-grog bog (PGB), grog bog *oder* groggy, *kombiniert aus* grog *(Alkohol) und* bog *(Kothaufen).*

Treibt in der Toilette noch der ein oder andere Köttel, ist die Rede vom **floater** *(Treiber)*. Ist es hingegen eine ganze Wurst, nennt man diesen einen **turd** *(Scheißwurst)*. Für wurstförmige Ausscheidungen, die ungeklärt ins Meer ausgeleitet werden, gibt es regional z. B. auch die Ausdrücke **Bondi cigar** *(Bondi-Zigarre)*, **Bondi shark** *(Bondi-Hai)* in Sydneys Küstenvorort Bondi, oder in Tasmania nach der örtlichen Meeresfauna **blind trout** *(blinde Forelle)*, **brown trout** *(braune Forelle)* und **King River prawn** *(King-Fluss-Garnele)*.

Unliebsame Düfte

Unliebsame Gerüche machen sich im Raum breit und jeder schaut den anderen fragend an: Wer war's?

Who did a fluffer?
wer hat einen Furz gemacht
Who let a fluffy off the chain?
wer hat einen Furz von der Leine gelassen
Who put one in?
wer hat einen reingebracht
Who let one go / off?
wer hat einen gehen lassen / abgelassen
Who dropped his guts / lunch?
wer hat seine Därme/Mittagessen fallen gelassen
Who shot a fairy?
wer hat eine Elfe abgeschossen
Someone smell petrol?
riecht jemand Benzin
What crawled up your arse and died?
was ist deinen Arsch hochgekrochen und gestorben

Für „furzen" kennt man **fluff, fart** oder **egg.** Will man die anderen vorwarnen, dass man einen Furz hat fahren lassen, sagt man:

Pick the bones out of that one.
pick die Knochen aus dem raus

Und die Antwort ist dann wiederum:
A bit more choke and you would've started.
ein bisschen mehr Choke und du wärest gestartet

Ein scharf riechender Furz nennt sich room-clearer *(Raumreiniger) oder wird kommentiert mit* silent but deadly *bzw.* SBD *(leise aber tödlich).*

Riecht ganz allgemein etwas unangenehm, ist es whiffy. *Kommt der Duft von den Achselhöhlen, heißt es* a bit whiffy under the warwicks. *Letzteres steht für* Warwick Farms *und reimt somit auf* arms. *Solche unangenehmen Körperdüfte nennt man* BO = body odour.

Übelkeit

Hat man sich übergeben müssen, nennt sich das **call God on the big white telephone** *(Ruf Gott mit dem großen weißen Telefon [wegen der*

Chunder *ist als reimender Slang auf* spew = Chunder Loo *entstanden, einer Werbefigur von Norman Lindsay.*

runden Form der Toilettenschüssel]), **chuck (up) / have a chuck** *(auswerfen),* **(have a) chunder** *(kotzen),* **drive the porcelain bus** *(den Porzellanbus fahren)* als Bezug darauf, dass man sich an der Toilettenschüssel wie am Lenkrad festhält), **go for the big spit** *(zum großen Spucken gehen),* **heave** *(hochwuchten),* **hurl** *(schleudern),* **laugh at the lawn** *(den Rasen anlachen),* **park a tiger** *(einen Tiger parken; weil das Würgegeräusch an das Fauchen eines Tigers erinnert),* **perk (up)** *(aufwürgen),* **puke** *(übergeben),* **ralf / ralph** *(würgen; lautmalerisch),* **sick up** *(krank werden und sich übergeben),* **spew** *(spucken)* oder **yack** *(plappern).* Heraus kommt dabei ein **technicolour yawn** *(Gähnen in Technicolor)* wegen der bunten Färbung der Kotze, oder aber ein **liquid laugh** *(flüssiges Lachen).* Kotzereste auf dem Bürgersteig sind eine **pavement pizza** *(Pflasterstein-Pizza).*

In The Buff

Trotz all der knappen Bikinis sind die Australier nach bester viktorianischer Art überaus **prudish** *(prüde),* wenn es darum geht, die Hüllen fallen zu lassen. Dennoch gibt es viele Begriffe für „nackt": **nude / naked** *(nackt),* **butt naked** *(arschnackt),* **in the bollock(y) / bollicky** *(in der Hoden-Art [auch für Frauen!]),* **in the nude / nuddy** *(in der nackten Art),* **in the**

altogether *(im Alle-zusammen)*, **in the buff** *(in der bloßen Haut)*, **in the nick** *(im Nichts)*, **in the raw** *(im Rohen)*, **starkers** *(splitternackt)*, **stripped naked** *(nackt gestrippt)* oder **stark naked** *(splitterfasernackt)*.

Get your gear off!
Zieh deine Klamotten aus!

Beide Geschlechter

Das Hinterteil nennt man **arse** *(Arsch)*, **bum** *(Po)*, **butt** *(Pobacken)*, **rear end** *(Hintern)*, **bottom / bot / botty / booty** *(Unterster)*, **base** *(Basis)*, **buns** *(Brötchen = Pobacken)*, und meist nur für das Hinterteil eines Mannes **clacker** *(Hinterteil)*, **quoit** *(Anus, Arschloch)*, **date** *(Dattel = Anus)* und **ring (hole)** *(Ring-Loch)*.

What a nice bit of arse!
was für ein nettes bisschen Arsch
Was für ein süßer Arsch!

Eine beliebte Form der Nacktheit bei gelangweilten Teenagern ist das Heraushängen ihres nackten Hinterns aus dem Autofenster: brown-eye *(braunes Auge; wegen des Anus) oder* mooning *(„monden“ = den Vollmond leuchten lassen).*

Nacktbaden nennt sich skinny dipping *(Haut eintauchen).*

Die Folgen des übermäßigen Bierkonsums zeigen sich beim Mann zumeist in Form eines **beer belly** *(Bierbauch)*, **beer gut** *(Bierwampe)* oder schlicht **lunch** (als Anspielung auf **liquid lunch** = *flüssiges Mittagessen = Bier)*. Die Speckrollen an der Taille einer Frau nennen sich **spare tyre** *(Ersatzreifen)* oder **love handles** *(Liebes-Handgriffe)*, weil man sich da beim Sex a tergo so schön festhalten kann.

He's got plenty of meat on him.
An ihm ist genug (Fleisch) dran.

Männliches

Ein spare dick *(Ersatz- Schwanz) ist ein Kumpel, der mit einem Pärchen unterwegs ist: „das fünfte Rad am Wagen"!*

Das liebe Geschlecht hat häufig auch einen Eigennamen: Willie, Willy, Percy, John (Thomas) *sowie sprachgeschichtlich auch* dick, *oder es wird* the old fella / boy *(der alte Kerl / Junge) genannt.*

Den „Schwanz" nennen die Australier landläufig **cock** *(Hahn)*, **dick / dickie** *(Richard = Pimmel)*, **ding(er)*** *(Bumser)*, **dong(er)*** *(Stoßer)*, **donk*** *(Maschine)*, **doodle** *(Dödel)*, **(k)nob*** *(Knauf = Eichel)*, **mongrel*** *(Bastard)*, **prick*** *(Stachel)*, **rascal** *(Gauner)*, **rooter*** *(Wurzler)*, **schlong** *(Schlange, aus dem Jiddischen)*, **slug*** *(Nacktschnecke)*, **snag / sausage** *(Wurst)*, **tassle / tossle** *(Quaste)*, **tool** *(Werkzeug)*, **wiener** *(Wiener Würstchen)* oder **whanger*** *(Schwert)*. Phantasievoller heißt es **third leg** *(drittes Bein)*, **(one-eyed) trouser snake** *(einäugige Hosenschlange)*, **the wife's best friend** *(bester Freund der Ehefrau)*, **pink cigar** *(rosa Zigarre)*, **bed flute** *(Bettflöte)*, **love stick** *(Liebesstock)* oder derber **custard chucker*** *(Eiercremekotzer)*, **donkey dick*** *(Eselspenis)*, **dipstick*** *(Dipstock)* und **fuckstick*** *(Fickstock)*.

Ist vom Steifen die Rede, dann ist er **hard-on** *(Steifer)*, **bone(r)** *(Knochen)*, **horn** *(Horn)*, **bar / rod** *(Stange)*, **morning glory** *(Morgenpracht)*, **woodie** *(Hölzerner)*, **stiffy** *(kleiner Steifer)*, **pork sword** *(Schweineschwert)* oder auch **angle of the dangle** *(Winkel des Gehänges)*. Zum Paket gehören die **balls** *(Bälle)*, **apricots** *(Aprikosen)*, **nuts** *(Nüsse)*, **family / crown jewels** *(Familien- / Kronjuwelen)*, **testes** *(Hoden)*, **goolies** *(kleiner Ball; aus dem Hindi)*, **nuggets** *(Nuggets)*, **(go)nads** *(Gonaden)* oder **(kn)ackers** *(Sattler)*. Ist das Gehänge ganz schön stattlich:

Klappt es nicht mit dem Steifen, spricht man von brewer's droop *(Herunterhängen durch das Rezept des Bierbrauers), wenn Bierkonsum mit im Spiel ist.*

He's got sheep's balls.*
er hat Schafseier
He's hung like a ram.*
er ist behangen wie ein Schafsbock
He's well-hung.
er ist gut behangen
He's flashing his well-hung bits.
er blitzt seine gut behangenen Teile

Weibliches

Bei den Girls bewundert man **boobs** *(Brüste)*, **boobies** *(kleine Brüste)*, **cannons*** *(Kanonen)*, **cans*** *(Kannen)*, **headlights*** *(Scheinwerfer)*, **hooters*** *(Hupen)*, **jubblies*** *(Herkunft unbekannt)*, **jugs*** *(Krüge)*, **knockers* / norks* / norgs*** *(Umwerfer)*, **lungs*** *(Lungen = große Titten)*, **melons*** *(Melonen)*, **pink bits** *(rosa Teile)*, **tits** *(Titten)*, **titties** *(kleine Titten)* oder **whoppers*** *(Whopper)*.

She has a stunning rack / set / unit!
sie hat ein umwerfendes Gestell / Set / Einheit
Sie hat ein fabelhaftes Paar Titten!

Fun bags *ist ein weiterer Begriff für Titten. Es bedeutet wörtlich „Spaßtaschen" in Anspielerei auf die* show bags, *Wundertüten, die man auf der Kirmes kaufen kann und in denen viele Spielsachen für Kinder sind.*

She's well-stacked / well-endowed!
sie ist gut-gestapelt / gut-ausgestattet
Sie hat ordentlich was vor der Hütte!

She's top-heavy / fully loaded.
sie ist oben-schwer / voll beladen
Sie ist voll beladen.

Ein toller Busen mit klaffender Lücke ist **a bit of cleavage** *(ein bisschen was von einem Spalt).* Richtig zur Sache geht's mit der **pussy** *(Pussi),* **fanny*** *(Möse),* **cunt*** *(Fotze),* **box*** *(Box),* **fuck hole*** *(Fickloch),* **gash*** *(Spalte),* **nasty*** *(Gemeine),* **slit*** *(Schlitz),* **snatch*** *(Schnapper),* **twat*** *(Möse)* oder **vag*** *(Vagina).* Ist die Rede vom „Schritt", heißt es entweder **wendy*** wegen der Ähnlichkeit des Schrittes mit einem „W" oder aber **camel-toe*** *(Kamel-Zeh).* Letzteres wird so genannt, weil die sich in einer engen Hose abzeichnenden Schamlippen an Kamelhöcker erinnern.

Ist die Frau nicht rasiert, redet man unter Männern schon mal von muff* *(Muffe),* bearded clam* *(bärtige Muschel) und* map of Tasmania *(Karte von Tasmania, wegen der Form). Das Schamhaar als solches nennt man verniedlichend* pubies.

Check out her wendy!*
Schau dir mal ihre Pussi an!

Unbedingt kennen sollte man auch das Wörtchen **clit** *(Klitoris),* die auch schon mal amüsant umschrieben wird mit **man in the boat** *(Mann im Boot).*

The Hots, A Root & Up The Duff

Seinen Anfang nimmt es mit dem Verliebtsein: **have a soft spot for** *(etwas für jmd. übrig haben),* **have a crush on** *(verschossen sein in jmd.),* **keep an eye out for** *(ein Auge auf jmd. geworfen haben),* **have the hots for** *(auf jmd. heiß sein),* **lust / perv after** *(nach jmd. gelüsten),* **carry a torch for** *(eine Fackel tragen für)* oder **be on the tear** *(auf der Pirsch sein).*

Zu den Perversen gehören perv* *(Perverser),* sicko* *(Kranker) und* weirdo* *(Schräger).*

I love him to bits.
ich liebe ihn zu Stücken
Ich liebe ihn mit Haut und Haaren.

Schließlich geht man in die Offensive: **crack on to** *(anmachen),* **chat up** *(anlabern),* **pick up** *(aufgabeln),* **date** *(ausgehen),* **neck** *(küssen),* **suck face** *(Gesicht ablutschen = abknutschen)* und schließlich **pash (off)** *(abknutschen).*

Eine pick-up line *ist ein Spruch zur Anmache, und die Anmache selbst ist ein* come-on.

He can't take his hands off her.
Er kann seine Hände nicht von ihr lassen.

Statt like a rash *geht auch* like a cheap suit *(wie ein billiger Anzug).*

He was all over me like a rash.
er war überall auf mir wie ein Ausschlag
Er fiel nur so über mich her.

Besonders zum Zuge kommt man auf einem **babefest,** einem Event, wo möglichst viele männliche und weibliche **babelicious babes** unterwegs sind.

Babelicious *ist eine Wortkreation aus* babe *und* delicious *(lecker).*

Komplimente

Ist jemand besonders sexy aufgestylt, nennt sich das auch foxy.

She's a real catch.
Sie ist ein echter Fang.

She's a bit of alright.
Sie sieht ganz okay aus.

He was nice enough (looking).
Er war ganz nett / sah ganz nett aus.

He scrubs up well.
Er hat sich fein rausgeputzt.

What a handbag!*
was für eine Handtasche
Was für ein gut aussehender Mann!
(an der Seite einer Frau)

She's drop-dead gorgeous.
sie ist zum tot umfallen wunderschön
Sie sieht umwerfend aus.

He's so rootable!*
er ist so fickbar
Den will man einfach vögeln.

Einen Mann, den die Frauen einfach unwiderstehlich finden, nennt man ganz vulgär ausgedrückt einen **muff diver*** *(Muschi-Taucher)*, **gash magnet*** *(Muschi-Magnet)*, **babe slayer*** *(Babe-Schlachter)*, **chick magnet*** *(Frauenmagnet)*, **pantsman*** *(Schlüpfer-Mann)*, und gewählter ausgedrückt einen **ladies' man** *(Mann der Damen)*.

Einen besonders männlichen Mann nennt man einen blokey bloke.

Einen sexuell aktiven Mann nennt man einen wombat* *(Wombat [Beutierart])*. *Den, der unbedingt Sex haben will, nennt man* desperado* *(Notgeiler)*.

He's good with the ladies.
Er hat Erfolg bei Frauen.

They reckon he's a bit of a lad!
Sie sagen, er ist ein Frauenheld.

Die Frauen bezeichnen den Mann zuweilen als **hunk** *(Stück)*, **spunk** *(Funke)*, **hunk of a spunk,** oder wenn ihnen förmlich das Wasser im Mund zusammenläuft, auch als **nice piece of meat*** *(nettes Stück Fleisch)*. Ist der Mann jünger als die Frau, nennt man ihn einen **toyboy** *(Spielzeugjungen)*.

Redet der Mann über die Frau, fallen Begriffe wie **hornbag*** *(geile Tussi)*, **an absolute bag** *(eine tolle Tussi)*, **a bit of skirt*** *(ein schönes*

Stück Rock), **a bit of arse*** *(ein schönes Stück Arsch)* oder **stud-magnet*** *(Hengst-Magnet).*

She's a great bang / fuck / root / shag.*
Sie ist ein toller Fick.

Not a bad bit of crumpet!*
kein schlechtes Stück Hefegebäck
Kein schlechter Fick!

Sex

Der Bumsende ist ein shagger*, *davon ist er oft* shagged *(müde) und leidet an* shagger's back *(Rückenschmerzen).*

Bumsen oder ficken nennt man in Australien **fuck** *(ficken),* **bang** *(bumsen),* **bonk** *(stoßen),* **root** *(wurzeln),* **screw** *(schrauben),* **bash** *(schlagen),* **shag** *(schütteln),* **knock** *(klopfen),* **get laid** *(flach gelegt werden),* **hump** *(bespringen),* **nail** *(nageln),* **poke** *(stechen),* **lash** *(peitschen),* **ride** *(reiten)* oder **get a knock** *(einen Klopfer kriegen).*

I was feeling pretty horny.
Ich fühlte mich ziemlich aufgegeilt.

We jumped each other('s bones).
wir sind aufeinander (auf die Knochen) gesprungen
Wir sind über einander hergefallen.

He knocked / fucked her brains out.*
er klopfte / fickte ihr Hirn raus
Er hat's ihr gegeben.

Blumigere Umschreibungen für Sex:

get jiggy jiggy	*hop hop werden*
doona dancing	*Bettdecken-Tanzen*
horizontal folk dancing	*horizontaler Volkstanz*
bump and grind	*stoßen und reiben*
bump uglies	*Hässliche anstoßen*

Den unbeholfenen Versuch eines Vorspiels nennt man grope *(Grabschen).*

She bangs like a dunny door in a storm.*
sie bumst wie eine Klotür in einem Sturm
Sie bumst echt viel rum.

Statt storm *werden auch andere stürmische Winde eingesetzt, wie* gale *(Orkan) und* hurricane *(Hurrikan),*

Aus der Sicht des Mannes gibt es auch noch speziellere Umschreibungen für Sex: **(play) hide the sausage / salami** *(die Wurst / Salami verstecken spielen),* **sink the sausage** *(Wurst versenken),* **take the ferret for a run** *(das Frettchen laufen lassen),* **bury the bishop** *(den Bischof vergraben),* **get the end in** *(das Ende reinbekommen)* oder **spear the bearded clam*** *(die bärtige Muschel aufspießen).*

Wen wundert es, dass ein Bordell auch knock shop *(Klopf-Laden) genannt wird? Ein* meat market *(Fleischmarkt) ist eine Bar oder ein Nachtclub, in dem sich jederzeit willige Mädels oder Jungs finden lassen.*

Are you getting any / some / a bit?
Hast du was am Laufen?

He couldn't score the chick.
Er konnte das Girl nicht ins Bett kriegen.

He got a bit of action.
Er hat was abbekommen. *(d. h. Sex gehabt)*

He always got his onions.
er hat seine Zwiebeln immer bekommen
Er hat immer seinen Sex bekommen.

Den Coitus interuptus kennt man in Sydney auch als **get off at Redfern** *(in Redfern aussteigen), da dies die letzte Station vor dem Hauptbahnhof ist und man somit zu früh ausgestiegen ist.In Melbourne gibt es den gleichen Spruch mit der Station* **Richmond** *statt* **Redfern.**

Legt der Mann bei sich selbst Hand an, spricht man von **wank** *(wichsen)*, **beat off** *(abschlagen)*, **tug** *(ziehen)*, **rip one off** *(einen abreißen)*, **jack / jerk off** *(abspritzen)*, **toss** *(schütteln)*, **whack off** *(abklopfen)*, **beat the meat** *(das Fleisch klopfen)*, **beat the bishop** *(den Bischof schlagen)* oder **jerkin' the gherkin** *(die Gewürzgurke abspritzen lassen)*. Kommt man zum Höhepunkt, nennt sich das für Mann und Frau **have it off** *(einen abbekommen)* oder **go off** *(abgehen)*.

Wenn die Frau sexuell nicht mit der Performance des Mannes zufrieden war, gibt es hinterher einen Verriss à la **dud bash*** *(wertloser Bums)* oder **dud fuck*** *(wertloser Fick)*. Will man dem Mann vorhalten, dass er impotent ist: **Firing / Shooting blanks, eh?** *(feuert / schießt Platzpatronen, was?)*.

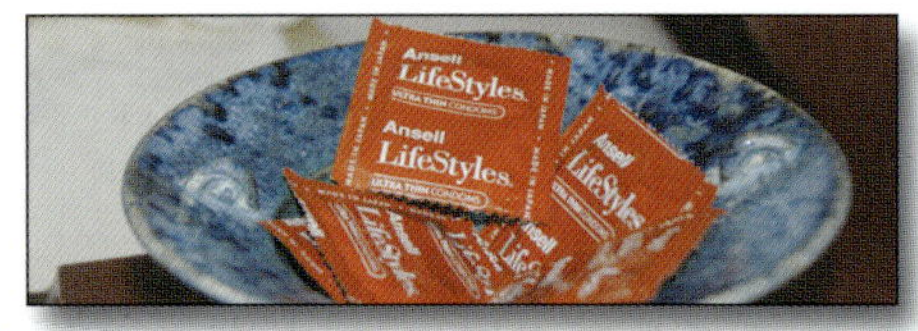

Ist die Rede von einem **pearl necklace*** *(Perlenhalskette), spritzt der Mann ein schönes weißes Band um den Hals der Frau.*

Geht es um Oralsex, steht aus der Sicht von Mann und Frau **go down on** *(heruntergehen)* oder **suck** *(lutschen)* zur Verfügung. Ist der Empfänger ein Mann, geht auch **give a blow job** *(einen blasen)*, und ist der Empfänger eine Frau **lick out** *(auslecken)*, **dine at the Y** *(am Ypsilon [= im Schritt] dinieren)*, und einfach nur **eat** *(essen)*.

Schwanger

Ist jemand schwanger geworden, heißt dies **get / be up the duff** *(aufgehenden Teig haben)*, **have a bun in the oven** *(ein Brötchen im Ofen haben)*, **preggers / preggie(s) / preggo** *(schwanger)*, **knocked up*** *(durchgeklopft)*, **banged up*** *(durchgebumst)*, **barefoot and preggers** *(barfuß und schwanger)*, **be in the pudding club** *(im Pudding-Club sein)* oder **be in the family way** *(im Familienmodus sein)*.

Für das Kondom kennt man love glove *(Liebeshandschuh),* rubber *(Gummi),* raincoat *(Regenmantel),* frenchie / frenchy / franger *(Franzose) oder* French letter *(französischer Brief).*

Abfuhr

Nicht immer ist die andere Person interessiert. Dann gibt es ein **knock-back** *(Abfuhr)*.

She knocked me back.
Sie hat mich abblitzen lassen.

Geht es ums Versetztwerden bei einem Date, heißt es z. B. stood me up *oder* left me posted *(beides: hat mich versetzt).*

Verlässt man den Partner, nennt sich das **dump** *(wegwerfen)*, **ditch** *(abservieren)*, **give someone the flick** *(jmd. wegflitschen)* und natürlich ganz einfach **leave** *(verlassen)*. Abhauen nennt man in jedem Sinne auch **pull up the stumps** *(die Cricket-Stumps herausziehen)*, **nick off** *(abhauen)*, **piss off** *(sich verpissen)*, **do a runner** *(davonrennen)*, **shoot through (like a Bondi tram)** *(durchschießen)*, **blow through** *(durchwehen)*, oder noch länger:

He got the fuck out of the relationship!
Er hat die Beziehung sausen lassen.

Howzitgoin? – See Ya!

Australier sind freundlicher, als man es gewöhnt ist. Sie lächeln und fangen in der Öffentlichkeit völlig unbefangen ein Gespräch mit Unbekannten an. Es gibt da keine versteckten Absichten, sondern das ist echte australische Freundlichkeit!

Trotz aller Freundlichkeit sind die Australier generell eher standoffish *(distanziert, reserviert), d. h. sie geben sich weder die Hand, noch umarmen oder küssen sie sich. Das ist für extrem gute Freunde vorbehalten.*

Begrüßung

Besonders, wenn man sich nicht kennt, sprechen die Australier einen mit einem Kosenamen an (siehe auch Kapitel „The Aussies“):

How're ya goin', mate?
Wie geht's, Kumpel?

How are ya, darling?
Wie geht's, Schatz?

Typisch beim Bestellen im Café: Wenn man um mehr Zeit gebeten hat, sagt die Bedienung Give us a yell when you're ready. *(Sag Bescheid, wenn du bereit bist).*

Are you ready to order, darl?
Kann ich die Bestellung aufnehmen, Schatz?

What can I get you, doll?
Was möchtest du bestellen, Puppe?

Hey babe, how've you been?
Wie geht's dir so, Babe?

What can I do for you, love?
Was kann ich für dich tun, Liebes?

Hi, howzitgoin, son?
Wie geht's, Junge?

Die typisch australische Begrüßung **G'day!** *(verkürztes* good day = *guten Tag)* wird in den Metropolen kaum noch benutzt. Dort ist es durch das amerikanische **Hi!** bzw. **Hey!** als Standardbegrüßung abgelöst worden.

Wenn man sich kennt, hört sich eine Begrüßung so an:

Keine Begrüßung ist ein kurzes Oy! *Es wird verwendet, um z. B. in einem Café die Aufmerksamkeit des Kellners auf sich zu richten. Mit einem drohenden Ton in der Stimme macht man z. B. seinem Kind klar, dass es etwas nicht tun darf.*

Hello, here's trouble.
hallo, hier ist Ärger
Hallo, da bin ich.

What's cooking, man?
was ist am Kochen, Mann
Was ist los, Mann?

Where're ya goin', mate?
Wohin gehst du, Kumpel?

Where the fuck have you been?
Wo warst du denn so lange?

I haven't seen you for aeons.
Ich hab dich seit Ewigkeiten nicht gesehen.

Ewigkeiten lassen sich auch ausdrücken mit for untolds *(seit nicht erzählten Zeiten),* for yonks *(Herkunft unbekannt) oder* for donkey's years *(seit Eselsjahren).*

Where're you headin', dude?
Wohin bist du unterwegs, Kerl?

What you been up to, cuz?
Was machst du so, Bruder?

Wohlbefinden

Auf ein „Hi, wie geht's?“ erwarten Australier keinerlei Antwort. Meist wird es einfach so im Vorbeigehen gesagt. Man kann das Gleiche zurückmurmeln oder auch nur mit einem kurzen **Hi!** antworten. Nur wenn man selbst ein Gespräch mit der grüßenden Person beginnen möchte, antwortet man z. B. **Good, yourself?** *(gut, und selbst)*, **Yeah, alright. And you?** *(ja okay, und du)* oder **Not bad, thanks. Yourself?** *(nicht übel, danke, und selbst)* und bleibt dann natürlich stehen und wendet sich der Person zum Gespräch zu.

Eine neuere Wortkreation ist Fig jam = Fuck, I'm good, just ask me *(Feigenmarmelade = Verdammt mir geht's gut, frag mich einfach).*

Als Nächstes kann die Person dann z. B. antworten **Yeah, not too bad** *(ja, nicht übel)* oder **not bad at all** *(nicht übel)*. Dann kann man eventuell noch ein **It's good to see ya** *(gut dich zu sehen)* daran anschließen. Will man ausdrücken, dass es einem nicht gerade gut geht, hat man die Wahl:

Pretty ordinary.	*ziemlich gewöhnlich*
Average.	*durchschnittlich*
I feel like shit.	*ich fühl mich wie Scheiße*
I'm crook.	*ich bin krank*

Oder noch blumiger ausgedrückt:

sick / crook as a (mangy) dog
krank / schlecht wie ein (räudiger) Hund
crook as a dog's hind leg
krumm wie das Hinterbein eines Hundes

I'm feeling a bit crook today.
Ich fühl mich heute etwas unwohl.

I was ratshit / R.S. today.
ich war heute Rattenscheiße
Mir geht's heute elend.

I'm feeling down in the dumps.
ich fühle mich unten in der Müllhalde
Ich bin heute nicht so gut drauf.

You look like shit / death warmed up.
du siehst aus wie Scheiße / aufgewärmter Tod
Du siehst echt scheiße aus.

Ist der Aussie vollkommen fertig oder mordsmäßig müde, nennt er das **rooted** *(gefickt)*, **stuffed** *(vollgestopft)*, **buggered** *(arschgefickt)*, **bushed / bushwhacked** *(vom Busch fertig gemacht)*, **fucked** *(gefickt)*, **wasted** *(zu Müll geworden)*, **zonked** *(weggetreten)*, **whacked** *(geschlagen)*, **cactus** *(Kaktus)*, **dead** *(tot)*, **done (in)** *(geliefert)*, **shagged out** *(ausgebumst)*, **euchred** *(beim Euchre-Kartenspiel geschlagen)*, **eclipsed** *(verfinstert)*, **stonkered** *(fertig gemacht)*, **all out** *(ganz aus)* oder **knackered** *(ausgelaugt)*. Es geht natürlich auch noch blumiger in schönster australischer „Rätselsprache“:

I'm flat out (like a drunk lizard).
ich bin platt (wie eine besoffene Echse)
Ich bin vollkommen fertig.

I'm flat out like a lizard drinking.
ich bin platt wie eine saufende Echse
Ich bin vollkommen fix und alle.

I feel beat up / run down.
ich fühl mich verdroschen / runtergewirtschaftet
Ich fühl mich geplättet.

Abschied

Bei der Verabschiedung ist ein lang gezogenes **Bye!** die üblichste Art des Abschieds. Man kann aber auch variieren mit **See ya!** *(sehe dich)*. Ebenfalls hört man **Tada!, Cheerio!** oder das veraltende **Hooroō!,** das allenfalls von älteren Generationen genutzt wird.

Seltener hört man Cheers, mate!, *was auch „danke und tschüss" bedeuten kann.*

I('ve) gotta go!	Ich muss gehen.
I've gotta head off!	Ich muss los.
I'm out of here.	Ich bin raus hier.
I'm off!	Ich bin weg.
I better get goin'.	Ich gehe besser mal.
I'll scoot off now.	Ich düse jetzt ab.

Statt scoot off *(abdüsen) sagt man auch* buzz off *(abschwirren),* whizz off *(abzischen),* choof off *(„abtschukken"[Eisenbahngeräusch]),* push off *(abschieben) oder* fuck off *(abhauen).*

Ist das Verhältnis nachbarlich bis freundschaftlich, sagt die zurückbleibende Person: **See ya around** *(Sehe dich hier = Sehe dich wieder)*, **Catch ya later** *(Schnappe dich später = bis später)* oder **Cop ya later** *(Sehe dich später)*. Wenn Leute partout nicht gehen wollen:

Don't you people have homes to go to?
Habt ihr (Leute) kein Zuhause?

Yeah. Right. Thanks.

„Ja“ ist nur selten ein einfaches **Yes!** Je nach Gusto ist es ein kurzes **Yup!, Yep!** oder **Yeah!** für ein „ja, (verstanden / okay)“. Will man eher „ja, wirklich“ ausdrücken, weil et-das Gefragte wirklich getan wurde oder wird, bevorzugt man ein extrem lang gezogenes **Yeaaaah!**

Mit einem Smartphone können Sie sich die mit einem gekennzeichneten Sätze dieses Kapitels anhören.

Okay, in Ordnung

Okay, great.	Okay, großartig.
Okay, darl.	Okay, Schätzchen.
Yes, sure.	Ja, sicher.
Shit, yeah!	Scheiße, ja!
Fuck, yeah!	Fuck, ja!
Alright(y)! / Orright!	In Ordnung!
Righto! / Righdeeo!	Alles klar!
Good-oh.	Okay, in Ordnung.
No worries!	Ja, kein Thema.
Easy as pie.	Einfacher geht's nicht. *(einfach wie Küchlein)*
Piece of cake.	Klar, wird gemacht. *(Stück Kuchen)*
Easy peasy.	Klar wie Kloßbrühe.
Dead cert.	Verlass dich drauf. *(tot sicher)*

Wörtlich bedeutet no worries *„keine Sorgen“.*

Ironisch gemeint ist hingegen That's a good one! *(ja klar?!).*

That sounds right up your alley.
das klingt genau deine Gasse rauf
Das ist doch was für dich.

Quids *ist die Bezeichnung für die britische Währung Pfund.*

Wouldn't miss it for quids.
Will ich für kein Geld der Welt verpassen.

I'll be in that balls-and-all.
ich bin dabei Hoden-und-alles
Ich bin dabei!

We'll be there when the whips are cracking.
wir werden da sein, wenn die Peitschen krachen
Wir werden pünktlich sein.

Mehr zur Pünktlichkeit: **on the knocker** *(auf den Klopfer)*, **smack bang on target** *(schlag bumm im Ziel)* oder **in the nick of time** *(genau rechtzeitig)*. Soll etwas sofort geschehen, heißt es **quick smart** *(schnell schlau)* oder:

I'll have it going flat knackers.
Ich hab's sofort fertig!

Genau

Yeah, no! hört sich zwar wie ein Widerspruch an, drückt aber nachdrückliche Zustimmung aus:

Yeah, no, you're right about that.
Ja, genau, Recht hast du.

That's the shot.	Das ist richtig / gut.
Same here!	Ja, genau das meine ich! *(dasselbe hier)*
Too right!	Ja, genau! *(zu richtig)*
Bang on!	Ja, genau! *(knall drauf)*
Spot on!	Ja, genau! *(Spot drauf)*
Yeah, totally!	Ja, (stimmt) total!
Pretty much!	Ja, doch! *(so ziemlich)*

That's the shot *ist quasi das Gegenstück zu* give it a shot *(s. Kapitel „Hard Yakka, The Sack & Flaking Out").*

Abso-fucking-lutely!
Absolut!

That hit the spot.
Das war genau das Richtige.

You can say that again!
Das kannste wohl laut sagen!

You can bet your boots on that.
Darauf kannst du (deine Stiefel ver)wetten.

That's a pretty safe bet.
das ist eine ziemlich sichere Wette
Ja, genau, davon kannst du ausgehen.

Na, gut.

(Yeah,) whatever.	Na, wenn du meinst.
Can-do.	Wenn's sein muss.
S'pose.	Kann sein.
Take your pick.	Was immer du willst.
Fair enough.	Ja, okay. *(unerwartet)*
That'll do.	Passt schon.
It's gotta be!	Es muss passen.
Near / Close enough.	Gut genug.
What the heck!	Was soll's?!
Great!	Na, wunderbar! *(mit Ironie / Resignation)*

This better be good!
Das ist es hoffentlich wert!

„Ja gleich" ist auch bei den Australiern eine beliebte Hinhaltungstechnik:

Won't be a moment.
Ein Momentchen.

Statt in a jiffy *(Herkunft unbekannt) sagt man auch* in a tick *(in einem Ticken) oder* in a sec *(in einer Sekunde).*

Hold on, I'll do it in a jiffy.
Warte, ich mach's gleich.

Danke

Ein **thank you** wird in der Regel von den Australiern zu **thanks** oder **ta** abgekürzt. Wenn jemand einem nicht helfen konnte: **Thanks all the same** *(trotzdem danke)*. Die Person, der so gedankt wird, antwortet dann wiederum:

No biggie.	Kein Akt!
I don't mind.	Es macht mir nichts aus.
You're right.	Gern geschehen.
Don't mention it.	Nichts zu danken.

Für ein „Danke, alles ist in Ordnung" hört man **Sweet** *(süß)* oder **She's apples** *(sie ist Äpfel)*. Will man versichern, dass etwas in Ordnung kommen wird, bzw. „das wird schon":

She'll be apples.	*sie wird Äpfel sein*
She'll be jake.	*sie wird Jake sein*
She'll be right (as rain).	*sie wird richtig sein (wie Regen)*
Don't worry, it's cool.	*keine Sorge, es ist cool*

Apples *ist kurz für* apples and spice, *was sich auf* nice *(nett) reimt.*

Hang on! Bloody Oath! Dunno!

Manchmal traut man seinen Ohren nicht und muss erst einmal etwas klar stellen.

Nee, oder?

Hang on!	Warte mal, wie jetzt?!
Come again?	Wie bitte?! *(glaubst du doch selber nicht)*
Not really ...?	Jetzt ehrlich?!
Yea-eah?	Ne, oder?!
What?	Wie jetzt?!
Meaning?	Soll heißen?!

Statt einfach nur Hang on! *hört man auch* Hang on there!, Hang on a tick! *oder* Hang on a sec!

?! Hang on! Bloody Oath! Dunno!

Den ursprünglich amerikanischen Ausruf **Go figure!** *(geh und find es raus) hört man nun auch in Australien im Sinne von „Stell dir mal vor! Unglaublich!“*

Get out!	Quatsch, oder?!
You're jokin' / kiddin'!	Du scherzt?!
Yeah, yeah.	Ja, ja. Wer's glaubt!
You for real?	Meinst du das ernst?
Are you serious?	Meinst du das ernst?
Yeah, right!	Ja, klar?! *(ich glaube dir kein Wort)*
Buuullshit!	Blödsinn!
No bull!	Ehrlich, kein Witz!
That'll be a first!	Wer's glaubt?!
Fair dinkum?	Jetzt ehrlich? *(fair ehrlich)*

You're fuckin' kidding (aren't ya)?
Das ist ja wohl nur ein Scherz (oder)?

Oh, come on, love!
Das meinst du nicht, oder?

This is s'posed to be it, is it?'
Das soll das Nonplusultra sein, oder?

Raus mit der Sprache!

Rückt jemand nicht so recht mit der Sprache heraus, bittet man ihn mit einem **Shoot!** *(schieß)* oder **Spill!** *(verschütte)* darum, endlich zu reden.

Momente der Unsicherheit kann man mit einem ergh *überbrücken.*

Come on, spill the beans!
komm schon, verschütte die Bohnen
Komm, jetzt spuck's schon aus!

Statt the beans *kann man auch* your guts *(deine Därme) verwenden.*

Wird etwas Geheimes verpetzt, nennt sich das **squeal** *(quietschen)* oder **tell tales** *(Geschichten erzählen)*. Wenn man gerne australische Polizeifilme schaut, hört man diese Varianten für „verpfeifen": **dob on her** *(sie verraten)*, **rat on her** *(sie „ratten")*, **top her off** *(ihr die Spitze nehmen = entlarven)*, **do a verbal on her** *(ein Statement über sie machen)* oder **put the finger on her** *(den Finger auf sie richten)*.

Wird ein Mann verpfiffen, setzt man natürlich him *statt* her *ein.*

Then he dropped the bombshell.
Dann ließ er die Bombe platzen.

Nicht zu fassen!

Für einen solchen negativ gemeinten Ausruf gibt es **For fuck's sake!** *(um des Ficks willen)*, **For crying out loud!** *(zum laut schreien)*, **Jesus bloody Christ!** *(Jesus blutiger Christus)*, oder:

What the bloody hell?
Was ist denn jetzt los?!

Hang on! Bloody Oath! Dunno!

What the heck / fuck?
Was ist denn jetzt kaputt?!

What the fuck are you doing?
Was machst du da zum Kuckuck?

What the hell are you up to?
Was machst du da?

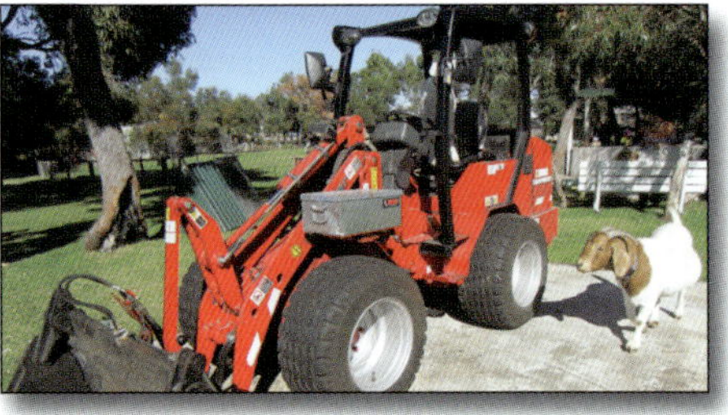

Shit!, Fuck!, Bugger! und das Folgende können negativ oder positiv gemeint sein:

Bloody oath / hell!	*blutige(r) Eid / Hölle*
Fucking oath / hell!	*fickende(r) Eid / Hölle*
Holy shit!	*heilige Scheiße*
Fuck me (dead*)!	*fick mich (tot)*
Bugger me (dead*)!	*(tier)fick mich (tot)*
Fuck me gently!*	*fick mich zärtlich*
Fuck me drunk!*	*fick mich besoffen*
Fuck me Roman!*	*fick mich römisch*
Fuck a duck!	*fick eine Ente*
Shit a brick!	*scheiß einen Ziegelstein*
Strike me pink!	*schlag mich pink*

Fark, I can't believe I'm hearing this!
Fuck, ich hör wohl nicht richtig?

Ein lauter, lang gezogener Schrei fuck *hört sich aus dem Munde der Australier eher wie* fark *an, und so wird es dann auch zuweilen in der Umgangssprache geschrieben.*

That makes it alright, does it?
das macht es okay, ja
Ist das die Rechtfertigung / Entschuldigung?

Kapiert?

Ob einer es kapiert hat, danach fragt man mit **Get the drift?** *(kapierst du die Tendenz)*, **See the light?** *(siehst du das Licht)* oder:

Can't you see the friggin' obvious?
kannste das verdammt Offensichtliche nicht sehen
Hast du Tomaten auf den Augen?

Wenn man es nicht kapiert, sagt man: **I don't get it** *(ich kapier's nicht)*, **I can't hack it** *(ich kann es nicht durchhacken)*, oder:

I can't get my head around it.
ich bekomme meinen Kopf nicht drum herum
Das raff ich nicht.

You don't know what I'm on about.
Du kapierst offenbar nicht, wovon ich rede.

Weiß nicht

Für unklare Antworten kennt man **dunno** *(weiß nicht)*, **maybe** *(vielleicht)*, **fuck knows** *(wer weiß)*, oder eben „keine Ahnung“:

Dunno *ist die verkürzte Schreibweise von* don't know.

Buggered / Fucked if I know.
fick mich, wenn ich es weiß
I don't have a clue.
ich habe keine Ahnung
I'm completely clueless.
ich bin komplett ratlos
I don't know Jack shit / shit / jack.
ich kenne Jack Scheiße/Scheiße/Jack nicht
I haven't got the foggiest (notion).
ich habe nicht die nebligste(= leiseste) Ahnung

I know bugger-all / fuck-all.
Ich hab nicht die geringste Ahnung.

Nah! Stuff That! Get Rooted!

Wie aus der Pistole geschossen kommt manchmal ein „Nein!: **Nah!, Nope!, No!**

Na und?

What's it to you?	Na und?
Who cares?	Wen juckt das schon?
I give a shit!	Das ist mir scheißegal!
As if I give a shit.	Als müsste mich das kratzen.
Give a shit!	Mir doch egal!
I don't give a hoot!	Es ist mir total egal!
Stiff shit / bickies!	Na und? Pech!
Tough (shit / titties)!	Pech!
Shit happens!	Kann vorkommen!
You get that!	Kann vorkommen!

Statt hoot *kann man auch* stuff *einsetzen.*

I don't give a rats / rat's arse.
ich gebe keinen Rattenarsch
Das geht mir am Arsch vorbei!

Mit einem Smartphone können Sie sich die mit einem 👂 *gekennzeichneten Sätze dieses Kapitels anhören.*

It's just water off the duck's back.
es ist nur Wasser von dem Rücken der Ente
Es ist mir so was von egal.

It's just one of those things.
das ist eines dieser Dinge
Tja, das kann vorkommen.

I couldn't care less!
ich könnte mich nicht weniger drum scheren
Das juckt mich kein bisschen!

What's the diff?
Was macht das schon für 'nen Unterschied?

Vergiss es!

Ein solch starkes Desinteresse drückt man aus mit **Forget it!** *(vergiss es)*, **Bugger it!** *(verfluch es)*, **Fuck it / that!** *(fick es / das)*, **Stuff it / that!** *(verschluck es / das)*, **Clobber that!** *(hau das)* und **Blow it!** *(puste es aus)*.

Auf den Ausruf No way! *(Nein, auf keinen Fall!) bekommt man als Antwort ein störrisches* Way! *(doch, wohl!) zu hören.*

No, I don't bloody think so.
Nee, kannste verdammt nochmal vergessen.

I'm buggered if I'll do that.
ich bin arschgefickt wenn ich das machen würde
Das mache ich auf keinen Fall.

Nah! Stuff That! Get Rooted!

Bar verweist hier auf soap bar und bedeutet, dass man sein Gesicht nicht einmal auf einer Seifenpackung sehen will (siehe auch Kapitel „The Aussies“).

I won't have a bar of him.
ich werde kein Seifenstück mit ihm drauf haben
Ich will nichts mit ihm zu tun haben.

Why bother?	Wozu die Mühe?
I'll give it a miss.	Ich verzichte.
I can give it a miss.	Ich kann drauf verzichten.
Don't bank on it.	Verlass dich nicht drauf.
As if?	Wer bin ich denn?
In your dreams!	Träum weiter!
In your boot!	Kannste vergessen!
Bloody hopeless!	Keine Chance!
I couldn't be stuffed.	Ich hab keinen Bock.

Statt stuffed (gestopft) nimmt man auch arsed (gearscht), naffed (Herkunft unbekannt), buggered (arschgefickt) oder bothered (belästigt).

You're fucked / screwed / rooted / stuffed.
Jetzt kannste einpacken!

You're dead meat / toast.
du bist totes Fleisch / Toast
Du bist erledigt.

Leck mich!

Bugger him!*	Der kann mich mal!
Go and get fucked!*	Hol dich der Teufel!
Go stuff yourself!*	Fick dich doch selbst!
Go fuck yourself!*	Fick dich doch selbst!
Kiss my arse!*	Leck mich am Arsch!
Eat shit!*	Leck mich!
Fuck / Screw you!*	Fick dich!
Go to buggery!*	Geh zum Teufel!

Stick it up your arse / jumper / ginger!*
steck das deinen Arsch / Pulli / Ingwer hoch
Steck dir das in den Arsch!

You can shove it right up ya, mate!*
Das kannst du dir reinschieben, Kumpel!

I've had a gutful (of him).*
ich hatte einen Darm-voll (von ihm)
Ich hab die Nase voll (von ihm).

Will man den Allerwertesten nicht nennen, sagt man where the sun don't shine* *(wo die Sonne nicht scheint) oder* where your mother never kissed you* *(wo dich deine Mutter nie geküsst hat).*

Bewdy! Far-Out! Arsey!

Je nach Region und Alter des Sprechers hört man Varianten von **beauty** *(Schönheit)*:

You (little) bewdy!
Das war eine tolle Sache!

You beaut!
Wunderbar!

Beaut *wird vor allem noch von der älteren Generation verwendet. Das sanfter gesprochene* bewdy *hört man hingegen auch aus dem Munde der Jüngeren.*

Gut! Klasse!

Fucking / bloody awesome!
Super geil!

She's got a mad pair of trackie daks.
Sie hat eine klasse Sporthose.

That's a really filthy surfboard.
Das ist echt ein klasse Surfboard.

Bewdy! Far-Out! Arsey!

Good stuff!	Super Sache!
Not bad, eh?	Nicht übel, oder?
Good, eh?	Gut, was?
Too good!	Das ist zu gut!
Perf.	Perfekt.
Ace! / Tops!	Spitzenmäßig! *(As / Spitzen)*
A-OK.	Bestens. *(A = Bestnote)*
Fab! / Awesome!	Fabelhaft! / Wunderbar!
Bloody brill!	Total genial! *(brilliant)*
Wicked!	Irre! *(verräterisch)*
Unreal!	Unglaublich! *(unwirklich)*
Far-out!	Abgefahren! *(weit draußen)*
Deadset!	Echt wahr! *(totsicher)*
Deadly!	Irre! *(tödlich)*
It rocks!	Das bringt's!
Stoked!	Ich bin begeistert!
Filth!	Klasse! *(Dreck)*
Kewl! / Cool!	Cool!
Choice!	Super! Klasse! *(Wahl)*
(Extra) Grouse!	(Super) Klasse!
Full-on!	Heftig!
Classic!	Klasse!
Kick arse.	Arschgeil! *(Tritt Arsch)*

Freut man sich mit jemandem, der etwas gewonnen oder allgemein erreicht hat, sagt man Good onya! *oder auch nur* Onya! *(gut für dich).*

Ein Top shot! *ist wörtlich ein Spitzenschuss, also „Voll ins Schwarze!"*

Vegemite on toast is a top meal.
Toast mit Hefeaufstrich ist eine klasse Mahlzeit.

Knaller!

Ist etwas „der Hit" heißt es **What a ripper!** *(was für ein Reißer)* oder wird z. B. umschrieben mit **the bee's knees** *(Knie der Biene)*. Statt

bee's knees sagt man auch **duck's guts** *(Gedärme der Ente)*, **duck's nuts** *(Nüsse der Ente)* oder **ant's pants** *(Hose der Ameise)*.

Um auszudrücken, dass etwas „das Beste" bzw. „ein Knaller" ist, leitet man z. B. mit **That's a (real) ...** ein: **winner** *(Gewinner)*, **pearler / purler** *(Wirbel)*, **bottler** *(Herkunft unbekannt)*, **corker** *(Knaller)*, **belter** *(Gürtelknaller)* oder **ball-tearer** *(Ball-Reißer)*. Möchte man das über eine Person sagen, leitet man mit **You're a fuckin'...** ein: **marvel** *(Wunder)*, **genius** *(Genialer)* oder **legend** *(Legende)*.

Will man den average bloke *(Durchschnittsmann) beim Namen nennen, bezeichnet man ihn als* Joe Blow.

He really had talent to burn!
Er hatte wirklich Talent *(zum Verbrennen)*.

Ausrufe der Überraschung im Sinne von „Lieber Gott!: **Strewth! / Struth!** (Verballhornung von God's truth), **Blimey (Charlie)!** (von bless me = Segne mich + Name zur Verharmlosung), **Cri(c)key!, Cripes!** (von „Christus"), und **Jeeze!** (von „Jesus").

Mit Ironie sagt man auch Catchy!, *wenn es um irgendwelche schlauen Sprüche geht, die man nicht gut findet.*

Glück & Spaß

Ist man glücklich, heißt es **happy as Larry** oder statt **Larry** kann man **a pig in shit / mud** *(ein Schwein in Scheiße / Schlamm)*, **a lark** *(eine Lärche)*, **a possum up a gum tree** *(ein Possum auf einem Eukalyptusbaum)* einsetzen.

Ein glückliches Kerlchen umschreibt man mit happy chappie *oder* happy little vegemite, *wobei „Vegemite" ein australischer Brotaufstrich aus Hefe ist.*

I'd really like that.	Das wäre super.
I'm rapt.	Ich bin überglücklich.

I totally get off on that.
Da fahr ich total drauf ab.

That's a fun thing to do.
das zu tun ist eine spaßige Sache
Das ist eine nette Idee *(für eine Aktivität)*.

I had a crack of a time.
ich hatte einen Kracher von einer Zeit
Ich hab mich super amüsiert.

I'm having a blast.
ich habe eine Explosion
Ich hab einen Riesenspaß.

She did it for kicks.
sie macht es für den Kick
Sie hat es zum Spaß gemacht.

I pissed myself (laughing).
Ich hab mich (vor Lachen) bepisst.

He cracked a bit of a joke.
Er hat einen Witz gerissen.

It's funny as buggery.
Das ist voll komisch.

Hat jemand Glück, nennt man es **ars(e)y** *(arschig)*, **tin-arse** *(Blecharsch)* oder **tinny** *(blechern)*. In anderen Worten heißt es auch **Cop it sweet!** *(das geht runter wie Zucker / Öl)*. Handelt es sich um eine Glückssträhne: **good trot** *(guter Lauf)*, **on the trot** *(im Lauf)* oder **purple patch** *(lila Phase)*.

The sun always shines out of your arse.
die Sonne scheint immer aus deinem Arsch
Dir ist das Glück echt immer hold.

Potluck *beschreibt das Glück, dass vom Zufall bestimmt ist.*

Für „Mehr Glück als Verstand“ sagt man:

Arse beats class.
Arsch (= Glück) schlägt Klasse
Bullshit baffles brains.
Blödsinn verblüfft Hirn
More arse than class / Jessie.
mehr Arsch als Klasse / Jessie (berühmter Elefant)

Australien wird – oft ironisch – auch The Lucky Country *genannt (nach dem gleichnamigen Buch von Donald Horne).*

Average! Crap! Rooted!

Das Wörtchen **average** bedeutet wörtlich „durchschnittlich". Tatsächlich wird damit aber „schlecht" ausgedrückt, ohne dass man überdeutlich werden muss:

That steak sandwich was a bit average.
Das Steak-Sandwich war so la la.

Mit viel Ironie sagt man auch Great! *(super) und nach einer kleinen Sprechpause dann* Not! *(nicht), um auszudrücken, dass etwas „Mist" ist.*

no good	*nicht gut*
not much chop	*nicht gut (Hindi-Wort)*
not too flash	*nicht allzu herausragend*
not to die for	*nicht um dafür zu sterben*

Nothing to write home about.
nichts um darüber nach Hause zu schreiben
Nichts besonders.

In diese Sparte gehören auch Kommentare über die „Armseligkeit":

piss-weak	*piss-weich*
weak as piss	*schlapp wie Pisse*
poor effort	*armselige Mühe*
piss-poor	*piss-armselig*

Wertlos!

Not worth a cracker / sausage / crumpet.
nicht einen Kräcker / Wurst / Hefegebäck wert
Weniger als wertlos.

Not worth a pinch of shit.
nicht eine Prise Scheiße wert
Absolut wertlos.

Not even worth two bob.
Nicht einmal zwei Schilling wert.

Zum Kotzen!

Ist etwas richtiggehend **unsavoury** *(unappetitlich)* oder **sick** *(krank)*, heißt es: **yuck(o) / yucky** *(bäh / ekelhaft)*, **revolting** *(abstoßend)*, **spewin(g)** *(zum Kotzen)* oder **gross** *(ekelhaft)*.

Wouldn't touch it with a 40-foot pole.
das würde ich nicht (mal) mit einer 40-Fuß (langen) Stange anfassen
Das würde ich ums Verrecken nicht haben wollen.

Mist!

Crap!	Kacke!
Pig's arse!	gequirlte Scheiße *(Schweinearsch)*
What a fuck-up!	Was für ein Chaos!
What a fucker!	Wie arschig!

Statt fuck-up *geht auch* stuff-up, cock-up, screw-up *oder* balls-up.

What a fucking pile of shit!
Was für ein verdammter Haufen Scheiße!

Siehe auch alle im Kapitel „Hang on! Bloody Oath! Dunno!“ unter „Nicht zu fassen!“ vorgestellten Flüche. Bei den folgenden drei Wendungen kann man je nach Gusto **rubbish** *(Müll)*, **crap** *(Kacke)*, **shit** *(Scheiße)* oder **bull(shit)** *(Unsinn)* einsetzen:

What is this rubbish?
Was soll der Scheiß?

Wörtlich bedeutet bunch *„Bündel" und* load *„Ladung".*

What a bunch of crap!
Was für ein Haufen Scheiße!

That's a load of bull!
Das ist ein Haufen Müll!

Als Kombination für „Blödsinn" kennt man auch noch cock and bull!

Ist „Mist" eher im Sinne von „Pech" gemeint:

That's a bit of a bummer!
Das ist echt Pech!

Everything I touch turns to shit.
alles was ich anfasse, wendet sich zu Scheiße
Alles was ich anfange, geht schief.

Verbockt!

I made a stuff of it.
Ich hab's vergeigt.

He totally blew it.
Er hat es total vermasselt.

You'll just arse it up!
Du vermasselst es nur.

You just stuffed it up, big time!
Das hast du echt total verbockt!

Now we're in deep shit.
Jetzt sitzen wir tief in der Scheiße.

Statt **in deep shit** geht auch **in the shit / poo / doghouse** *(in der Scheiße / Hundehütte)*, **in more shit than a Werribee duck** *(in noch dickerer Scheiße als eine Werribee-Ente)*, **up the creek in a barbed wire canoe** *(den Bach rauf in einem Stacheldrahtkanu)* oder **up shit creek without a paddle** *(im Abflusskanal ohne Paddel)*.

I'm stuck up a gum tree with nowhere to go.
ich stecke auf einem Eukalyptusbaum ohne Ausweg fest
Es ist eine aussichtslose Lage.

This is a total fucking shambles.
Das ist ein verdammtes Durcheinander.

Statt stuffed *(verstopft) sagt man auch* mucked *(verdreckt),* screwed *(verschraubt),* fucked *(verfickt),* cocked *(von* cock *= Schwanz / Penis) oder* buggered *(arschgefickt)*.

Big time *(große Zeit) wird oft zur Verstärkung angehängt.*

Kaputt!

Vergleiche auch mit „Wohlbefinden" im Kapitel „Howzitgoin? – See Ya!"

Ist etwas kaputt, sind die Ausdrucksmöglichkeiten wieder vielfältig: **busted** *(geborsten)*, **cactus** *(Kaktus)*, **clapped out** *(ausgeklatscht)*, **done for** *(fertig)*, **history** *(Geschichte)*, **kaput** *(kaputt)*, **rat-shit / RS** *(Rattenscheiße)*, **stuffed** *(gestopft)* oder **wrecked** *(zerstört)*.

Statt rooted *wird auch im Sinne von „gefickt"* buggered, fucked *und* shagged *verwendet.*

That piece of shit is rooted!
Das Scheißteil ist im Arsch!

The bloody thing's gone bung.
das verdammte Teil ist gestorben
Das Mistteil ist kaputt / unbrauchbar.

The bitch of a thing just won't work.
die Zicke von einem Ding wollte einfach nicht funktionieren
Das Scheißteil funktioniert einfach nicht.

Statt on the way out *sagt man auch* on the blink *(auf dem Schimmer).*

That TV show is on the way out.
die TV Show ist auf dem Weg ins Aus
Die TV Serie wird sich nicht mehr lange halten.

The hard drive had the gong / dick / Richard.
die Festplatte hatte den Gong / Penis
Die Festplatte ist im Arsch.

Geht es um kaputte Maschinen, aber auch um Menschen, die das Zeitliche gesegnet haben, heißt es im Sinne von „den Geist aufge-

geben“: **carked it** *(gestorben)*, **conked out** *(ausgeboxt)*, **shit itself** *(auf sich scheißen)*, **kicked the bucket** *(trat den Eimer)*, **passed in the marble** *(die Murmel weitergegeben)* oder **put the cue in the rack** *(den Queue in den Ständer gestellt)*. Hat jemand oder etwas eine durchaus respektable Lebensdauer:

It had a pretty good innings.
es hatte einen ziemlich guten Durchgang(Sport)
Es hat sich ziemlich gut gehalten.

Pissed-Off!? Bonkers! Shit-Scared!

Ist man entnervt, kann man **bloody, fucking** sowie seine verharmlosten Varianten **freaking, friggin', flogging** und **flipping** mitten im Satz vor der nervigen Sache einbauen:

I've got a flipping headache.
Ich hab verdammt irre Kopfschmerzen.

You bloody well owe me fifty bucks.
Du schuldest mir verdammt nochmal 50 $.

Einer, der immer für Ärger sorgt, ist ein shit-stirrer *(Scheiße-Rührer), und derjenige, der immer alles übertreibt, eine* drama queen *(Drama-Königin).*

Entnervt!

This shit is annoying as buggery.
Diese Scheiße ist voll nervig.

He's in a real shitty mood.
Er hat echt eine Scheißlaune.

Pissed-Off!? Bonkers! Shit-Scared!

Tomtits *ist reimender Slang für* shits.

This is giving me the shits / tomtits / irrits!
das gibt mir die Scheißerei / Irritationen
Ich find das hier einfach zum Kotzen!

Statt pissed off *(bepisst) hört man auch die Verharmlosungen* browned off *(von* brown *= braun = Scheiße),* cheesed off *(von* cheese *=Käse = stinkig), oder auch* choked up *(zugeschnürt).*

I'm so pissed / pissed off!
Ich bin echt total sauer!

Having a bad-hair day, are we?
wir haben einen Schlechte-Frisur-Tag, ja
Nicht gut drauf, was?

She just rubbed me the wrong way.
sie hat mich gegen den Strich gebürstet
Sie nervt mich ganz einfach.

Statt (on) her goat *sagt man auch* up her (nose) *(ihre Nase hinauf),* on her wick *(auf ihren Docht),* in her hair *(in ihre Haare),* on her quince *(auf ihre Quitte).*

He really got (on) her goat.
er ging richtig auf ihre Ziege
Er ging ihr richtig auf die Nerven.

He just carries on (like a pork chop)!
er macht weiter (wie ein Schweinekotelett)
Er verhält sich total unmöglich!

You're such a pain in the arse.
du bist ein solcher Schmerz im Arsch
Du tötest mir den letzten Nerv.

She screamed her tits off.
sie schrie ihre Titten ab
Sie schrie hysterisch herum.

Ist man so stinkig, nennt man das **ropeable** *(schlecht gelaunt),* **pissy** *(pissig),* **techy** *(irritier-*

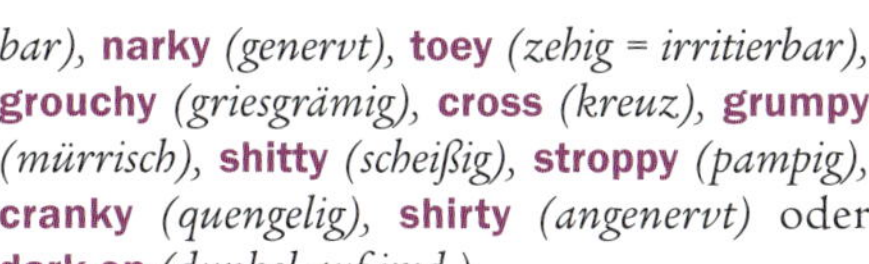

bar), **narky** *(genervt),* **toey** *(zehig = irritierbar),* **grouchy** *(griesgrämig),* **cross** *(kreuz),* **grumpy** *(mürrisch),* **shitty** *(scheißig),* **stroppy** *(pampig),* **cranky** *(quengelig),* **shirty** *(angenervt)* oder **dark on** *(dunkel auf jmd.).*

I was pretty dark on him for a while.
Ich war eine Weile ganz schön sauer auf ihn.

Durchgedreht!

They'd be spewing.
sie würden spucken / kotzen
Die würden total ausflippen.

Statt spewing *geht auch* freaking out *(ausflippen).*

He spat the dummy.
er hat den Schnuller ausgespuckt
Er ist ausgerastet.

Statt the dummy *kann man auch* chips *(Fritten) einsetzen.*

He went apeshit when I told him.
er ging Affenscheiße als ich (es) ihm erzählte
Er ist ausgerastet, als ich das erzählte.

Statt apeshit *hört man auch* through the roof *(durch das Dach),* mental *(geisteskrank),* ballistic *(geladen),* berko *(Beserker),* aggro / aggers *(aggressiv) oder* postal *(postalisch [weil Briefträger so oft erschossen werden]).*

He got a bit hot under the collar.
ihm wurde etwas heiß unter dem Kragen
Ihm platzte der Kragen!

Andere Arten, seinen Kopf zu verlieren:

He did his block / nana / nut / lolly.
er machte seine Parzelle / Banane / Nuss / Bonbon
He threw a wobbly / tantrum / willy.
er hat einen Wackligen / Koller / Wirbel geworfen

He chucked / cracked a mental / spaz.
er warf / brach ein Geistiges / Spastisches
He got off his bike.
er stieg von seinem Rad ab
Oder noch kürzer: **He lost his block / cool / marbles / nut.**
He lost it. *er verlor seine Parzelle / Kühle / Murmeln / Nuss*
He blew his top.
er blies seine Spitze ab
He flipped his lid.
er klappte seinen Deckel auf
He went bananas.
er ist Banane gegangen

He hit the roof.
er knallte gegen das Dach
Er ging total an die Decke.

Verrückt!

You totally spin me out.
du wirbelst mich total raus
Du machst mich echt verrückt.

Den Grad an Irrsinn unterscheidet man so:

mad as a cut snake
irre wie eine angeschnittene Schlange
mad as a gum tree full of galahs
irre wie ein Eukalyptusbaum voller Rosenkakadus
mad as a hatter
irre wie ein Hutmacher
mad as a meat axe
irre wie eine Fleischeraxt

He's gone bonkers / crazy / nuts.
Er ist verrückt geworden.

Man kann auch sagen **gone off the deep end** *(vom tiefe Ende abgegangen)*, oder man vervollständigt mit **off one's block** *(von seiner Parzelle herunter)*, **off the air** *(von dem Äther herunter)*, **off one's crumpet** *(von seinem Hefegebäck herunter)* oder **off the rails** *(von den Schienen herunter)*.

Man hört auch troppo *als Anspielung auf die Wirkung von tropischen Krankheiten, oder* native *als Anspielung auf das Verhalten von Eingeborenenvölkern.*

You need your head read.*
du solltest deinen Kopf lesen lassen
Du bist verrückt. *(zum Spaß gesagt)*

Die Verrückten nennt man **basket case*** *(Fall für den Korb = die Klapse)*, **crackpot*** *(Krachtopf)*, **fruitcake*** *(Fruchtkuchen)*, **loon(y) / lunatic*** *(Wahnsinniger)*, **fruit loop*** *(Früchteschlaufe)*, **minda*** *(Spasti)*, **nut (case)*** *(Nuss = verrückter Fall)* oder **psycho*** *(Psycho)*.

Alte exzentrische Herren, die etwas verrückt scheinen, nennt man **old hatter*, old nutter*** oder auch **mad old bastard*.**

Nervös!

be shit-scared	eine Scheißangst haben
scared shitless	außer sich vor Angst *(scheißlos ängstlich)*
run scared	Angst bekommen
have the yips	das Zittern bekommen
heebie-jeebies	Zittern *(vor Ekel)*

Macht man sich vor Angst fast in die Hose, assoziiert man das vor allem mit „Scheiße“:

I was packing the shits / it / 'em.
ich packte die Scheißerei / es / sie
I shit / crapped / poohed myself.
ich bekackte mich
I cacked my pants.
ich bekackte meine Hosen

Nach scared the *sagt man auch* living daylights *(lebendes Tageslicht).*

Ähnlich ist es beim Erschrecken:

He scared the shit out of me.
er hat die Scheiße aus mir raus erschreckt
Er hat mich zu Tode erschreckt.

Fuck Off! Cut The Crap! Get A Grip!

Wenn der Geduldsfaden reißt, leitet man gern mit ironischer Höflichkeit ein **Do me a favour ...,** und lässt danach eine Litanei an Drohungen auf den Gegner einprasseln.

Hör auf!

Shut (the fuck*) up!
Halt (verdammt nochmal) den Mund!

It's coming out of my arsehole.*
Es kommt mir zu den Ohren raus.
(wörtl: aus dem Arschloch)

Shush!	Still!
Cut the crap!*	Hör auf mit dem Scheiß! *(schneide die Kacke)*
Cut it out!	Hör auf! *(schneide es raus)*
That's enough!	Das reicht!
Lay off!	Lass ab!
Knock it off!	Lass es gut sein!
Bite your bum!*	Schluss jetzt! *(beiß deinen Hintern)*
Put a sock in it!	Halt die Schnauze! *(steck eine Socke rein)*
Just call it quits!	Jetzt gib doch auf! *(nenn es einfach aufhören)*

Jemanden, der sich überall einmischt und zu neugierig ist, nennt man stickybeak* *(klebriger Schnabel) oder* busybody* *(beschäftigter Körper).*

Statt sock *nimmt man auch* cork *(Korken).*

You shut your mouth!*
Halt die Klappe!

Stop whingeing / bitching!
Hör auf zu jammern / herumzuzicken!

Der Nörgler schlechthin ist der whinger.

You don't tell me what to fuckin' do!
Du hast hier nichts zu melden!

Don't go there. I don't want to know!
Hör auf. Ich will's nicht wissen!

Pull up the stumps!
zieh die Cricket-Stumps raus
Mach dem ein Ende!

Statt up the stumps *wird auch* the plug *der Stopfen) oder* the rug *(der Teppich) genommen.*

It's none of your bloody business!
Das geht dich nichts an!

Fuck Off! Cut The Crap! Get A Grip!

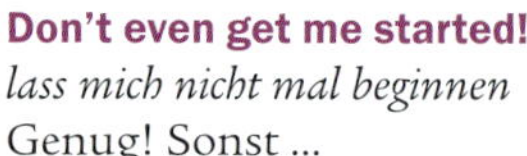

Don't even get me started!
lass mich nicht mal beginnen
Genug! Sonst ...

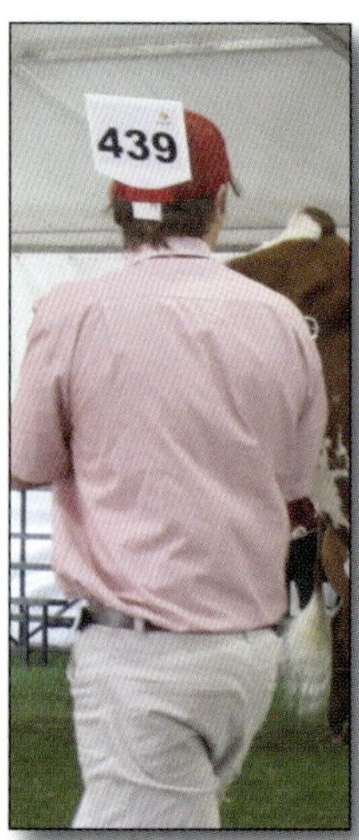

I'm not gonna bite into that!
ich werde da nicht reinbeißen
Ich lass mich nicht provozieren!

Unsinn!

Don't come the raw prawn (with me).
komme keine rohe Garnele mit mir
Erzähl keinen Scheiß.

You can dribble some shit.
Du blubberst echt einen Scheiß!

You're full of shit / it!*
du bist voll Scheiße / davon
Du erzählst echt den letzten Scheiß!

Are you talking / speaking out of your arse?*
redest / sprichst du aus deinem Arsch
Du redest doch völligen Unsinn!

What are you (going) on about?
Was sülzt du da?

I reckon that's bogus.
Ich denke, das ist kompletter Unsinn.

It's a fucking joke!
Das ist doch ein (verdammter) Witz!

It's all a big joke to you.
Für dich ist das alles nur ein Witz, was?

Pass bloß auf!

Mit einem kurzen **Cop this!** oder **Get this!** knallt man jemandem eine Wahrheit vor den Bug oder schlägt gar zu im Sinne von „Hier, wie findest du das?".

What are you getting at?
Was willst du damit sagen?

Pull your head in!*
zieh deinen Kopf ein
Pass bloß auf!

Jemand, der viel bull(shit) *(Unsinn) redet, ist ein* bull(shit) artist, *sprich ein „Künstler des Unsinns".*

Don't fuck with me!*
Pass auf was du sagst / machst!

Don't bullshit / rubbish me, pal!*
Verarsch mich nicht, Mann!

Einen Streit nennt man ein barney, blue, ding-dong, go-in *oder* run-in.

Right, that's it. Right.
Ja klar!? Das war's! Jetzt aber!

What's your problem?*
Was willste?

What the fuck are you smiling at?
Was gibt es hier zu lachen?

Droht man schließlich Prügel an, heißt es:

Fuck Off! Cut The Crap! Get A Grip!

You wanna pick a fight?*
Willste Prügel?

Die Gegensätze sind dish it out *(austeilen) und* cop it *(einstecken).*

You want a smack in the head?*
Soll ich dir eins überbraten?

Say that again and I'll clobber you.*
Sag das noch einmal und ich mach dich alle.

Wird man zusammengeschlagen oder auch nur im übertragenen Sinne fertig gemacht, nennt sich das get clobbered.

If you don't shift, I'll level you.*
Wenn du nicht die Fliege machst, mach ich dich platt.

Weitere Drohungen sind:

Dann ist es an der Zeit abzuhauen: bail out, do a runner.

I'll have you by the balls!*
dich krieg ich bei den Eiern
I'll kick / beat / flog the shit out of you!*
ich werd die Scheiße aus dir raustreten / rausschlagen / rauspeitschen
I'll kick your arse / butt!*
ich tret dich in den Hintern
I'll deck / nail you!*
ich plätte / nagele dich
I'll have you, any day!*
mit dir nehm ich es jeden Tag auf
I'll punch your lights out!*
ich blase dir die Lichter aus

Ein Kampf nennt sich punch-up, scrape, scrap *oder* stoush.

Der Kampf zwischen zwei Frauen ist ein catfight.

You show some fuckin' respect before I knock some into you.*
Zeig etwas Respekt, sonst prügel ich ihn in dich hinein.

Verpiss dich!

Get lost, will ya!*	Hau schon ab!
Get out (of here)!*	Mach dich vom Acker!
Just fuck off!*	Hau schon ab!
You can clear off!*	Mach 'ne Fliege!
Go on!	Jetzt mach schon!
Get a move on!*	Mach schon!
Get cracking!*	Los jetzt!
Off you go!	Geh schon!

Statt fuck off *geht auch das davon quasi zum Buchstaben „F" abgekürzte* eff off *oder aber* piss off, bugger off, shove off, rack off, clear off, get lost *und* get nicked.

Get the hell / fuck out of here!*
Scher dich zum Teufel!

Reg dich ab!

Get over it!	Jetzt reg dich ab!
Don't be so anal!*	Jetzt sei nicht so!
Handle it, will ya?*	Krieg dich wieder ein!
Get a grip!*	Reiß dich zusammen!

Come off it, mate.
Jetzt komm mal runter, Kumpel!

What's got into you?
Was ist denn in dich gefahren?

No need to get your tits in a tangle!
Kein Grund sich künstlich aufzuregen!

Statt tits in a tangle *(Titten im Gewirr) sagt man auch* knickers in a knot *(Unterhose in einem Knoten) oder* bowels in a twist *(Därme in einer Verdrehung).*

Get a (fuckin') life!*
krieg ein (verdammtes) Leben
Hast du nichts Besseres zu tun?

Keep your hair / shirt on!*
lass dein Haar / Hemd an
Jetzt beruhig dich!

Just cut him some slack, will ya?
komm schneid ihm etwas Ruhe ab, ja
Komm, lass ihn in Ruhe, ja?

Get your shit together!*
krieg deinen Scheiß zusammen
Reiß dich zusammen!

Statt fuss *kann man auch* hoo-ha *(Brimborium),* kerfuffle *oder* rumpus *sagen.*

Don't make a big fuss over it.
Jetzt mach kein großes Aufhebens drum!

Just get on with it.
Jetzt mach schon weiter.

Cunts & Bitches

Wie die Australier über ihre Mitmenschen denken, kam in den vorangegangen Kapiteln schon ein wenig zur Sprache. Hier sind weitere weniger nett gemeinte „Freundlichkeiten".

He's a real dag!* / He's real daggy!*
Er ist voll uncool!

He's a big boofy bloke!*
Er ist ein muskulöser Schwachkopf!

Idioten

Den Idioten, der sich stur gibt, nennt man **blockhead*** *(Blockkopf)*, **bonehead*** *(Knochenkopf)*, **boofhead*** *(Büffelkopf)*, **bullethead*** *(Kugelkopf)* oder **meathead*** *(Fleischkopf)*, und ist wenn er eher hohlköpfig ist, **airhead*** *(Luftkopf)*, **melonhead*** *(Melonenkopf)* oder **pinhead*** *(Nadelkopf)*.

Den Trottel nennt man dill*, dolt*, dope, drongo*, dummy, mullet* *oder* mug, *wobei die Wortherkunft weniger bedeutend ist.*

He's a real boofhead*!
Er ist echt ein Idiot!

Stop being such a dill*!
Hör auf, dich wie ein Trottel zu benehmen!

Ist jemand schlicht und einfach doof, nennt man das **stupid*** *(dumm)*, **boofy*** *(gut gebaut aber dumm)*, **brain dead*** *(hirntot)*, **barmy*** *(blöde)*, **ditsy*** *(dumm [für Frauen])*, **galah*** *(nach der lautstarken Kakadu-Art)* und **dopey** *(bedöselt)*.

Analog zu den oben vorgestellten Bezeichnungen gibt es auch boofheaded*, dick-headed*, dicky*, dill-brained* *und* fuckwitted*.

I'm having a really blonde day.
ich habe einen richtig blonden Tag
Ich bin heute nicht gerade helle.

He's dumb as dogshit.*
er ist dumm wie Hundescheiße
Der ist dumm wie Bohnenstroh.

He's fucked in the head.*
Er ist nicht ganz dicht.

Ist ein Typ im Sinne von „arme Socke“ zu bedauern, heißt es (poor) bugger, (poor) bastard *oder* (old) duffer.

Wenn der Penner etwas Dusseliges getan hat, nennt man ihn auch silly bastard *(törichter Bastard) oder* silly / big galoot *(törichter / großer Dummkopf).*

You must have rocks in your head!*
du musst Steine in deinem Kopf haben
Du hast sie doch nicht mehr alle!

He hasn't got both paddles / oars in the water.
er hat nicht beide Paddel im Wasser
Er hat nicht alle Tassen im Schrank.

He's got shit for brains.*
der hat Scheiße als Gehirn
Der hat echt nichts in der Birne.

Den Grad an Verblödung stellt man in vielfältigen Gleichnissen dar:

be a (few) brick(s) short of a load
einen Ziegel zu wenig in der Lieferung haben
be a banger / chop short of a barbie
ein Würstchen / Kotelett zu wenig fürs Grillen haben
be a couple of tinnies short of a slab
ein paar Dosen Bier zu wenig für eine Palette haben
be a stubbie short of a six-pack
eine Flasche Bier zu wenig für ein Sixpack haben
be a cabbage short of a coleslaw
einen Kohl zu wenig für einen Krautsalat haben
be a sandwich short of a picnic
ein Sandwich zu wenig für ein Picknick haben

Bite *heißt sowohl „Biss“ als auch „Darlehen“, und* bickie *ist sowohl ein „Keks“ als auch einfach nur „Geld“.*

be a bite short of a bickie
einen Darlehen zu wenig für ' ne Geldsumme haben
be one shingle short of a roof
eine Schindel zu wenig für ein Dach haben
be a few cents short of a dollar
ein paar Cents zu wenig für einen Dollar haben

have kangaroos (loose) in the top paddock
Kängurus (losgelassen) in der oberen Weide haben
have a screw loose
eine Schraube locker haben
not be the sharpest tool in the shed*
nicht das schärfste Werkzeug im Schuppen sein
not be playing with a full deck
nicht mit einem kompletten Kartenspiel spielen
not be the full quid / bottle
nicht das volle Pfund / die volle Flasche sein

Statt kangaroos *hört man auch* wallabies *(Wallabys).*

Statt not the sharpest tool in the shed *geht auch* not the sharpest knife in the cutlery drawer* *(nicht das schärfste Messer in der Besteckschublade).*

Einen Ausruf im Sinne von „Hallo, geht's noch?" macht man einfach mit **Der(r)?** Ist es mehr an einen selbst gerichtet, weil man etwas Dummes getan hat: **D'oh!**

Even blind Freddie could see that!
das sieht sogar der blinde Freddie
Das sieht doch ein Blinder!

Zur Verteidigung:

I didn't come down in the last shower.
ich bin nicht im letzten Schauer runtergekommen
Ich bin ja nicht von gestern.

No flies on him.
keine Fliegen auf ihm
Er ist ja nicht blöd.

Arschlöcher

Männer kann man mit einer Menge Wörtern als „Arschloch" titulieren: **arsehole*** *(Arschloch)*, **cocksucker*** *(Schwanzlutscher)*, **dickhead*** *(Schwanzkopf)*, **dipshit*** *(Dip-Scheiße)*, **fuck(er)*** *(Fick[er])*, **fuckface*** *(Fickgesicht)*, **fuckhead*** *(Fickkopf)*, **fuck-knuckle*** *(Fick-Knöchel)*, **fuckstick*** *(Fickstock)*, **fuckwit*** *(Fick-Verstand)*, **prick*** *(Schwanz)*, **scum(bag)*** *(Abschaum)*, **ratbag*** *(Gauner)*, **shithead*** *(Scheißkopf)* oder **turd*** *(Scheißwurst)*.

Ein besonders langer Ausspruch für ein „Arschloch": wouldn't piss on him if he was on fire* *(ich würde nicht auf ihn pissen, selbst wenn er in Flammen stünde).*

You dirty mongrel / rotten bastard!*
du dreckiger Mischling / verrotteter Bastard
Du Schweinepriester!

They're just a mob of cocksuckers!*
sie sind nur eine Gruppe Schwanzlutscher
Das sind doch nur ein Haufen Arschlöcher!

What a dickhead!*
Was für ein Penner / Arsch!

He's turning into a real wanker*.
Er entwickelt sich echt zum totalen Wichser!

Den Wichser nennt man auch jerk* *oder* tosser*.

He's such a (fucking) cunt!*
Er ist ein solch (verdammtes) Arschloch!

Don't be such an anal cunt!*
Jetzt sei nicht so 'n penibles Arschloch!

Das Wörtchen cunt* *ist wörtlich eine „Fotze", aber wird von den Australiern äquivalent zur Beschimpfung „Arsch!" für Männer eingesetzt.*

The little shit / prick!*
Dieser kleine Arsch!

He's really a sick fuck!*
Das ist echt eine kranke Sau!

He's such an ugly fuck!*
Er ist ein solch hässlicher Arsch!

Zicken

Zur Beschimpfung von Frauen gibt es **bitch*** *(Hündin)*, **wench*** *(Frauenzimmer)*, **cow*** *(Kuh)*, **bimbo*** *(Dummchen)*, und wenn es einen sexuellen Beigeschmack bekommen soll, **tart*** *(Flittchen)*, **whore*** *(Hure)*, **manhunter*** *(Mannjäger)*, **town bike*** *(Flittchen)*, **slut*** *(Schlampe)* oder **mangrove*** *(Mangrove)*.

Town bike* *(Stadtrad) ist ein Wortspiel aus* ride a bike *(Fahrrad fahren) und* get a ride *(einen Fick landen).*

You miserable cow!*
Du Scheißkuh!

She's a real scrubber.*
Sie ist ein echter Besen. *(wörtl.: Schrubber)*

She's a bush pig.*
sie ist ein Buschschwein
Sie ist eine hässliche Tussi.

Markenzeichen der nervigen Frau ist es, bitchy* *(zickig) zu sein.*

Besonders unter den Frauen findet man viele control freaks*, *die alles im Leben ein wenig zu sehr kontrollieren wollen.*

Redet der Mann von der Ehefrau, nennt er sie auch **(me) missus** *([meine] Frau),* **love and kisses** *(Liebe und Küsse),* **dragon*** *(Drachen),* **handbrake*** *(Handbremse [weil sie dem Mann ständig etwas verbietet]),* **she who must be obeyed*** *(die, der gehorcht werden muss)* oder **my better / other half** *(meine bessere / andere Hälfte).* Im reimenden Slang gibt es auch noch **trouble and strife*** *(Ärger und Zank),* als Reim auf wife *(Ehefrau),* sowie **ball and chain*** *(Kugel und Kette),* als Reim auf pain *(Schmerz).*

Davo's not coming, he's got his handbrake on.
Dave kommt nicht, seine Frau lässt ihn nicht.

Proleten

Beliebte Klassifizierungen für Halbstarke und Proleten sind **yob(bo)*, hoon*, yahoo*, mug*,** oder auch **ocker** für den typischen unkultivierten australischen Mann.

Don't call me a hoon*.
Nenn mich nicht „Proll"!

Uncoole, unmodisch und eher ungepflegt aussehende Typen nennt man je nach Region **bogan*, bevan*** oder **booner*.** Einen jungen

„Bogan“ oder den jüngeren Bruder eines „Bogan“ nennt man schon mal **barry*** und die dazu passende Freundin **bev chick*.** Wenn sie wirklich Surfer sind, nennt man sie auch **surfie** oder **skeg*.** Die dazu passende Freundin ist ein **surfie chick,** oder wenn es abfällig gemeint ist, **moll*** *(Proleten-Schlampe).*

Loser & Weicheier

He's a waste of space.*
er ist eine Platzverschwendung
Den kannst du echt vergessen.

He's a real no-hoper.
er ist ein richtiger nicht-Hoffer
Er ist echt ein hoffnungsloser Fall.

You're such a fuck-up / loser.*
Du bist ein solcher Loser.

Statt fuck-up *oder* loser *benutzt man auch* oxygen thief* *(Sauerstoff-Dieb).*

Weicheier nennt man **softcock*** *(Wichsschwanz),* **gutless wonder*** *(gedärmeloses Wunder),* **coward*** *(Feigling),* **chicken*** *(Hühnchen),* **dud*** *(Vesager)* oder **squib*** *(Memme).* Will man sie mit einem Adjektiv beschreiben, nimmt man **gutless*** *(gedärmelos),* **chickenshit*** *(Hühnchenscheiße)* oder **pissweak*** bzw. **weak as piss*** *(schwach wie Pisse).*

He hasn't got the balls.*
er hat die Bälle (= Hoden) nicht
Er hat keinen Mumm.

Don't be a piker*, go for it!
Sei nicht so eine Memme, los!

He squibbed it.
Er hat sich nicht getraut.

Das genaue Gegenteil liegt natürlich vor, wenn jemand sehr wohl Courage zeigt:

He's got balls / ackers / guts!
er hat Bälle / Hoden / Gedärme
Er hat Mumm!

He's gutsy / ballsy!
Er hat Courage!

Wer sich einfach gnadenlos überschätzt, über den sagt man:

He doesn't know who he's up against.
Der weiß nicht, mit wem er es zu tun hat.

Schwule & Lesben

Es gibt auch das ein oder andere Schimpfwort für Homosexuelle, das auch Heteros zur Provokation und Beleidigung an den Kopf geworfen bekommen können: **poof(ter)*** *(Schwuler)*, **fag*** *(Schwuchtel)*, **pansy*** *(Veilchen)*, **fairy*** *(Elfe)*, **fruit*** *(Frucht)*, **queer*** *(Schräger)* für „Schwuler", sowie **lezzo*** und **dyke*** für Lesbe. Das so genannte „Schwulenmuttchen", d. h. eine Frau, die immer mit Schwulen herumhängt, ist für die Australier eine **faghag*** *(Schwuchtelhexe)*.

Recht freundlich ist die Feststellung, bei der mitnichten vom Cricket die Rede ist:

He bats for the other team / side.
er schlägt für das andere Team / Seite
Er ist vom anderen Ufer.

Eine schöne Bezeichnung für Bisexuelle ist **bats and bowls** *(schlägt und wirft)*, in Anspielung auf die beiden Diziplinen im Cricket.

Die ältere Bezeichnung für bisexuell ist AC/DC, *nach der Umwandlung von Gleichstrom in Wechselstrom, und nicht nach der bekannten australischen Band.*

Schleimer

Den zumeist männlichen Schleimer kennt man als **arse-licker*** *(Arsch-Lecker)*, **arse-sucker*** *(Arsch-Lutscher)*, **brown-nose*** *(braune Nase)* oder **crawler*** *(Kriecher)*. Die Spezialität dieser Schleimer und Schleimerinnen ist das **sucking-up** *(hoch-lutschen)*, sprich, sich bei anderen einzuschleimen.

She's / He's kissing the boss' arse.
sie / er küsst den Arsch des Bosses
Sie / Er schleimt sich beim Boss ein.

Angeberei

Das bereits im Kapitel „The Aussies“ vorgestellte **tall poppy syndrome** zeigt die australische Abneigung gegenüber Überlegenheitsgehabe. Entsprechend beschreibt man hochnäsige Personen als **jumped-up*** *(hochgesprungen)*, **stuck-up*** *(hochgesteckt)*, **highfalutin'*** *(hochtrabend)* oder:

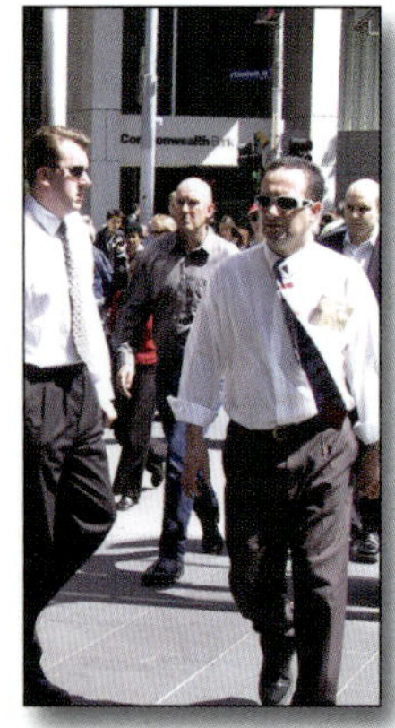

He's full of himself.
er ist voll von sich
He's got his head up his arse.*
er hat seinen Kopf im Arsch
He's up himself.
er ist in seinem eigenen (Arsch) drin
He's got tickets on himself.*
er hat auf sich selbst gesetzt
He's too big for his boots.*
er ist zu groß für seine Stiefel

Oder eingeleitet z. B. mit **He thinks ...:**

his shit doesn't stink, but his farts give him away*
seine Scheiße stinkt nicht, aber seine Furze verraten ihn
the sun shines out of his arse*
die Sonne scheint aus seinem Hintern

he's the best thing since sliced bread
er ist das Beste seit geschnittenem Brot
he's a legend in his own mind
er ist eine Legende nach seiner eigenen Meinung
he's the ant's pants / bee's knees
die Hose der Ameise / Knie der Biene

Besonders nervig sind die ewigen Besserwisser: **smartarse** *(schlaues Arschloch)*, **smart aleck*** *(schlauer Alex)*, **clever dick*** *(selbstgefälliges Arsch)* oder noch witziger **Mr. / Ms. smarty pants** *(Herr / Frau schlaue Hose)*. Ist jemand hingegen wirklich schlau, sind folgende als echte Komplimente zu verstehen:

Ein besonderer Dorn im Auge sind die know-it-all Yanks*, *sprich „Amis Marke Allwissend".*

bright as a button	*hell wie ein Knopf*
sharp as a tack	*scharf wie eine Reißzwecke*
smart cookie	*schlauer Keks*

Jegliche Form von Angeberei nennen die Australier **big note** *(große Note)*, und denjenigen, der es macht, **big-noter** *(Groß-Notierer)*, **show-off*** *(Angeber)* oder **skiter*** *(Angeber)*, und wenn sie echt nervig sind, auch **galah*** *(Rosenkakadu [macht viel Lärm])*.

Angeber in gehobenen Positionen nennt man auch **bigwig** *(Großperücke)*, **big swinging dick*** *(großer schwingender Schwanz)* oder **fat cat*** *(fette Katze)*.

Das, was sie so von sich geben, ist im Sinne von „alles nur heiße Luft": **all piss and wind** *(alles Pisse und Wind)* bzw. **all froth and no beer** *(alles Schaum und kein Bier)*.

Vermutlich ist bigwig *eine Anspielung darauf, dass hohe Amtsträger in der Politik und zu Gericht eine Perücke trugen bzw. immer noch tragen.*

Weitere Kommentare

I feel like such a piece of shit.
ich fühl mich wie ein Stück Scheiße
Ich fühl mich wie das letzte Schwein / Arsch.

A nasty piece of work *und* carry on like a good sort *kann man auch auf Männer anwenden. Dann redet man vom „Oberarsch" statt von einer „Zicke".*

She's a nasty piece of work.*
sie ist ein scheußliches Stück Arbeit
Sie ist echt eine Zimtzicke.

She carries on like a good sort.*
sie führt sich auf wie eine gute Sorte
Sie führt sich auf wie eine arrogante Zicke.

You are lower than a snake's belly.*
du bist niedriger als der Bauch einer Schlange
Du bist ein Stück Scheiße.

Beschimpft man alte Männer, heißt es **old fart*** *(alter Furz)* oder **miserable old shit*** *(erbärmlicher alter Scheißer)*, während für unansehnliche alte Frauen **old bag*** *(alte Tasche)*, **old boiler*** *(alter Boiler)*, **old crow*** *(alte Krähe)* oder **old hag*** *(alte Hexe)* bevorzugt wird. Zu beiden Geschlechtern kann man sagen:

He / She passed the use-by-date.*
Er / Sie hat das Haltbarkeitsdatum überschritten.

He's / She's a real dog / scunge.*
er / sie ist ein richtiger Hund / furchtbare Person
Er / Sie sieht echt scheiße aus.

Quellen & weiterführende Tipps

Wer sich weiter in die Welt des australischen Slangs vorwagen möchte, dem seien folgende Bücher zur weiteren Lektüre empfohlen:

- **Word Map: What words are used where in Australia,** Kel Richards, ABC Books, 1. Aufl. 2005 – *erste Sammlung mit modernstem regionalem Slang für 27 Regionen Australiens*

„Word Map" auch kostenlos online unter **www.abc.net.au/wordmap.**

- **Great Aussie Slang,** Maggie Pinkney, The Five Mile Press, 5. Aufl. 2003 – *Sammlung neuerer und älterer Slangwörter*
- **The True Blue Guide to Australian Slang,** New Holland Publishers, 1. Aufl. 2004 – *zeitgenössische umgangssprachliche Begriffe*
- **The Macquarie Dictionary,** The Macquarie Library, 3. Aufl. 2001 – *komplettes Wörterbuch für das australische Englisch*
- **Macquarie Australian Slang Dictionary: complete & unabridged,** The Macquarie Library, 1. Aufl. 2004 – *alter und neuer australischer Slang (erweiterte Auskopplung aus obigem Wörterbuch)*

„The Macquarie Dictionary" als Abonnement auch online unter **www.macquariedictionary.com.au,** *das „Slang Dictionary" ist kostenlos zugänglich.*

- **The Best of Aussie Slang,** Eric Spilsted Publishing, 1. Aufl. 2003 – *eine amüsant gestaltete Sammlung zeitgenössischen Slangs*
- **The Australian National Dictionary: Australian words and their origins,** Oxford University Press, 1. Aufl. 1988 – *etymologische Belege für typisch australische Wörter*

„The Australian National Dictionary" gibt es im Abonnement auch online unter **http://dictionary.oed.com**

Quellen & weiterführende Tipps

Weitere sehr spezielle Wortsammlungen findet man auf der Website des „Australian National Dictionary Centre" der Australian National University: **www.anu.edu.au/andc.**

- **Tassie Terms: A Glossary of Tasmanian Terms,** Maureen Brooks, Joan Ritchie, Oxford University Press, 1. Aufl. 1995 – *eine Sammlung von typischen Begriffen aus Tasmania*
- **Words from the West: A Glossary of Western Australian Terms,** Maureen Brooks, Joan Ritchie, Oxford University Press, 1. Aufl. 1994 – *eine Sammlung mit Begriffen, die typisch sind für Western Australia*
- **Bardi Grubs and Frog Cakes: South Australian Words,** Dorothy Jauncey, Oxford University Press, 1. Aufl. 2004 – *eine Sammlung mit typischen Begriffen aus South Australia*
- **Voices of Queensland: Words from the Sunshine State,** Julia Robinson, Oxford University Press, 1. Aufl. 2001 – *eine Sammlung typischer Begriffe aus Queensland*

Interessante private Websites

- www.kwikkerb.com.au/auslang.htm
- http://members.ozemail.com.au/~enigman/australia/slang.html
- www.aussieslang.com
- www.koalanet.com.au/australian-slang.html
- http://members.optushome.com.au/yummy_bird/slang.htm
- www.appliancespares.com.au/lingo.html
- www.featherfoot.cjb.net
- www.dunway.com/html/aussie_slang.html
- www.hennessyinfolink.com.au/speak_australian.htm

Register

A

B

Register

C

Register

Register

Register

Q

R

T

U

V

W

Register

Danksagung – Acknowledgements

Thanks heaps to all my Aussie mates, who have contributed greatly by just being themselves around me over the past few years. They've really helped me to appreciate Aussie slang. I would especially like to thank my partner Andrew Tokmakoff without whom I might have never learnt the ins and outs of true blue 'Strine' in the first place.

I am most greatful for the help I received with editing the book in its final stages. Thanks then to David Nutting, Diane Fricker, Michelle James, Stefan Mummert and Andrew Tokmakoff!

And lastly, a big thank you to all those friends and strangers depicted in the book's photos! I'm sure the reader can visualize all the Australianisms much better with you presenting it so vividly!

Thanks as well to the Aussie film industry and Australian writers, who manage to produce great Aussie content that will keep the Aussieness in the Oz language. Onya!

Die Autorin

Die Autorin

Elfi H. M. Gilissen (geb. 1969) ist studierte Diplom-Übersetzerin für Chinesisch und Indonesisch, befasst sich aber als freiberufliche Autorin und Lektorin mit vielen Sprachen und somit Ländern der Welt. Die Liebe zu Sprachen wurde ihr schon vom niederländischen Vater und der flämischen Mutter in die Wiege gelegt.

Eigentlich auf Südwestchina und vor allem Tibet eingeschworen, wurde durch die zufällige Begegnung mit einem Australier ihr Interesse am fünften Kontinent geweckt. Seit der ersten gemeinsamen Reise nach Australien im Jahr 2000 fährt sie auch ohne ihren australischen Lebensgefährten regelmäßig ein- bis zweimal jährlich für längere Zeit durch den Kontinent. Am Niederrhein aufgewachsen, lebt Elfi Gilissen heute mit ihrem australischen Lebensgefährten in den Niederlanden.

Weitere bei Reise Know-How erschienene Titel der Autorin sind „Kulturschock Australien“, „Australien Auswanderer-Handbuch“, „Australiens Outback und Busch entdecken“, „Sydney und seine Nationalparks“, „Englisch für Australien – Wort für Wort“, „Flämisch – Wort für Wort“, „Amerikanisch – Wort für Wort“, „Niederländisch Slang“ und das in Englisch verfasste „German Slang“. Weitere Buchprojekte zum Thema Australien sind schon in Arbeit.

Amerikanisch
ISBN: 978-3-89416-749-3

Niederländisch Slang
ISBN: 978-3-89416-461-4